[英国] 罗伯特·C.艾伦 著　史正永 赵后振 译

工业革命

牛津通识读本·

The Industrial Revolution

A Very Short Introduction

译林出版社

图书在版编目（CIP）数据

工业革命／（英）罗伯特·C. 艾伦（Robert C. Allen）著；史正永，赵后振译.
—南京：译林出版社，2023.6
（牛津通识读本）
书名原文：The Industrial Revolution: A Very Short Introduction
ISBN 978-7-5447-9604-0

Ⅰ.①工… Ⅱ.①罗… ②史… ③赵… Ⅲ.①产业革命-世界 Ⅳ.①F419

中国国家版本馆 CIP 数据核字（2023）第 069566 号

著作权合同登记号 图字：10-2018-429 号

工业革命 ［英国］罗伯特·C. 艾伦 / 著 史正永 赵后振 / 译

责任编辑 陈 锐
特约编辑 茅心雨
装帧设计 景秋萍
校　　对 孙玉兰
责任印制 董 虎

原文出版 Oxford University Press, 2017
出版发行 译林出版社
地　　址 南京市湖南路 1 号 A 楼
邮　　箱 yilin@yilin.com
网　　址 www.yilin.com
市场热线 025-86633278
排　　版 南京展望文化发展有限公司
印　　刷 江苏凤凰通达印刷有限公司
开　　本 890 毫米 × 1260 毫米 1/32
印　　张 9.5
插　　页 4
版　　次 2023 年 6 月第 1 版
印　　次 2023 年 6 月第 1 次印刷
书　　号 ISBN 978-7-5447-9604-0
定　　价 39.00 元

序 言

陈晓律

工业革命是人类历史上最伟大的革命之一，要对这样一个伟大的事件进行界定显然是一个困难的事情。但它与我们的日常生活太密切了，因为我们毕竟生活在工业革命以后的时代里，无论从何种角度考虑，我们对它都不可能没有一点自己的了解。于是，提供一个大众都能够接受，并且应该了解的工业革命ABC，就显得十分必要了。

罗伯特·C.艾伦的这本《工业革命》，正是这样一个合适的读本。全书篇幅不大，但已经足够向人们描述工业革命是怎么一回事情。能做到这一点，对于一本一百多页的小册子，已经是一个了不起的成就。然而，它给我们的惊喜并不仅限于此。

首先，它给我们提供了一个关于工业革命的简要定义[①]。无

① 一些学者认为，工业革命的本质就是"勤勉革命"，也是对走向工业化进程中劳动集约型路径的表述。美国学者德·弗里斯也提出要用"勤勉革命"（Industrious Revolution）来替代"工业革命"（Industrial Revolution）。见Jan de Vries, "*The Industrial Revolution and the Industrious Revolution*", *Journal of Econom ic History*, Vol. 54 (1994) , pp.249—270。尽管如此，学界多数人还是认为工业革命与蒸汽机及其提供的动力有关。

论如何，有关工业革命的书籍，必须有一个简要的概括，对工业革命进行界定。就学界的一般理解而言，工业革命是英国社会经济长期演变的结果，是一种技术进步的产物。这个技术进步是一个缓慢的过程，但最终，所有的技术进步都汇聚到了一个划时代的产品——蒸汽机。可以这样说，只要人们提到蒸汽机，就会想到工业革命，而一提到工业革命的标志，人们也很容易联想到蒸汽机。这个机器具有如此巨大的影响力，在于它终于在人类所使用的人力、畜力、风力、水力和其他有机燃料等动力之外，首次使用了化石燃料，由此改变了人类获取自然动力的方式。正因如此，蒸汽机才会如此受人关注。而蒸汽机这样一种机器，是不是由英国原创，实际上也是有争议的。毫无疑问，蒸汽机的发明与整个欧洲的科学革命相关，给蒸汽机提供基础支持的科学来自整个欧洲，但主要的科学家是意大利人、德国人和法国人，然而，最终研究和开发成功的是英国人。这就发人深思了，为何不是其他国家推出了工业用的蒸汽机？是因为英国的蒸汽机具有市场应用前景？但为何它在英国拥有市场前景？追问下去，第二个问题也就逐步展开了。

那就是，为何工业革命发生在英国而不是其他欧洲国家？显然，问题的回答并不简单。作者从大航海对西北欧带来的一系列变化开始，于是，本书实际上是一部1500年后全球发展史的缩影版本。全球化的机遇使英国受益匪浅，世界贸易的增长给英国带来新的产品；而英国的扩张也给英国的产品开辟了市场。再次，商业扩张和工资上涨改善了劳动力的健康状况和实力，提高了教育和技能的回报，助力英国工业应对外国竞争的挑战。其结果是识字率、计算能力和贸易技能的提高，这些都为制造业提供了支持。而这些细微的差异，却最终在工业革命的关键阶段发挥了决定性的作用。当机器开始在英国纺织业中普遍应用时，欧洲大陆各国却没有动力使用机器代替工人生产。因为他们的劳动力太便宜了，相对于机器设备的成本，所节省的劳动力价值很小。由此可见，即便在几百年前，劳动力过于便宜也不是什么好事情。所以，书中也提到了，工业革命也是一种文化发展，是工业启蒙的产物。人们开始以“科学”的态度对待各种事物。而英国的工业启蒙深度和广度显然远远超越了欧洲的其他国家。这使得在英国的生产中，各种创造发明更容易受到社会的重视和推广，这对于大规模的生产活动显然也是很重要的。书中也提到了相反的看法，即技术发明与启蒙没有什么关系，专利也不是技术进步的必要条件，很多工程师与启蒙运动没有什么关系。显然，在一个巨大的社会潮流中，每个人的行为未必是那么理性，可以那么精确地加以分析。人们在这样的潮流中，能够做自己想做的事情，获得应有的报酬，就行了。

当然，投资环境也很重要。如果没有一个稳定的市场环境，投资者的信心就很难建立，也就只能挣快钱，不可能坚持长期投资。而英国的一系列政治变革，限制了国王的权利，禁止任何人在国家大事上拍脑袋决策，对于投资环境的改善，应该很有帮助。不过，将工业革命归因于资本主义的兴起是影响最大的观点，其主要代表应该是马克思的看法。他认为，资本主义是有很多竞争企业的体系。每家公司都必须提高生产率，否则就会被那些更为进取的企业挤出市场，其结果就是造成快速的资本积累和技术变革。因此，解释发展的秘诀，就是解释资本主义崛起的理由。马克思认为其中有两个重要渠道，那就是英国乡村社会的重组与劳动力和生产手段分离。当然，全球化对英国经济革命的重要性也毋庸置疑。

至于劳动者，尤其是工人在经济增长过程中的收入，也需要厘清。显然，工人收入的增长主要是在工业革命后期，且不同的技术工人之间也有差别，贫穷与繁荣共存。但总的来说，工业革命使英国普通工人的收入增加了。人们的生活较之工业革命前，已经跨越了一个重大的阶段。

总体来看，大航海与新贸易线路的形成，海外市场的扩展，社会经济的转型，科学启蒙的浪潮，英国的政治更具法治性和可以预测的政治稳定，劳动者与生产资料分离，都提供了工业革命的必要条件，当然，殖民掠夺和奴隶贸易也是必不可少的。光靠掠夺是不行的，但没有掠夺也是万万不行的。最终，随着蒸汽机的出现，工业革命开启了自己的时代。这些归纳，应该说中规中矩，几乎没有遗漏什么重要的东西。如果不了解工业革命的读者，阅读之后，对工业革命肯定会有自己的一个解答。

如果此书就此结束，固然不错，因为它已经完成了一百多页小书应该完成的任务。但作者并未止步于此，它给人的意外之喜是，继续将工业革命在世界的扩展纳入了议题之中。工业革命是全球化的产物，它也必然反过来推进全球化。而其中，苏联和中国是工业革命后续队伍中最引人注目的例子。作者难得地客观评价了苏联的计划体制。他指出，当时的苏联大部分人从事农业生产，强烈需要建立资本储备，所以，中央计划在这方面是有效的，直到20世纪80年代之前，苏联的国内生产总值都在快速增长。在此期间，苏联在世界制造业的比重从5%增长到15%，但效率却越来越差。戈尔巴乔夫为克服弊端，引进了市场模式。随后苏联解体，制造业的比重直线下降，可见转向“市场”并非成功的保证。这一观点，较为客观，显然有别于主流的西方学者。

中国也得到了作者的关注。1949年后，中国也效仿苏联，但1953年到1980年间，中国在世界制造业的份额仅从2%增长到5%。1992年后，中国宣布要建立社会主义市场经济体制，于是中国得到了迅猛的发展。他认为，将中国与苏联进行对比具有启发意义。中国保留了中央计划的有效部分，扬弃了那些被证明是适得其反的部分。将竞争与计划相结合，或许能让中国摆脱苏联模式的种种矛盾。作者的这些看法是否正确，我相信中国的读者比任何人都更有资格进行评判。

书中还有很多丰富的内容，这里就不一一介绍了。总之，这是一本关于工业革命ABC的读本，但并不仅仅止步于ABC。有心的读者会发现，它递给了我们一把理解当今世界的钥匙。

珍惜这把钥匙吧，尽管它的价格不贵。

2023年2月20日星期一

于成都市文星小镇

目 录

致　谢

感谢牛津大学出版社的安德里·基根，他有信心——两次签约聘用我来写一本《牛津通识读本》。

第三章的大部分内容最初出自罗德里克·弗洛德、简·汉弗莱斯和保罗·约翰逊（合编）《剑桥现代英国经济史》一书中，罗伯特·C. 艾伦撰写的论文《技术》（剑桥：剑桥大学出版社，2014：第1卷，第292—320页）。感谢剑桥大学出版社允许我使用这些材料。

感谢以下阅读手稿并给予我评论的人：戴安娜·弗兰克、马修·艾伦、利基塔·维克凯特、斯坦·恩格曼、帕特里克·奥布莱恩、佩特拉·莫瑟、彼得·泰明以及牛津大学出版社的读者。我从他们的反馈中受益匪浅。当然，若仍有错讹，鄙人之过也。

写一本书花费的时间总会超出预期，这些时间都是从周末、晚间和假期中偷取而来的。我错过了（与家人一道）植树、筑墙、骑车穿越欧洲、参观博物馆和开放的豪华古宅，我感谢妻子黛安和儿子马修的理解。不过，黛安对此书的出版确实功不可没：当我和马修在书店里赞叹陈列在架上的《牛津通识读本》时，是黛安脱口而出：你也可以写一本这样的书！于是，就有了本书的面世。

斯坦·恩格曼和彼得·泰明都是伟大的学者，他们的著作启发了我，也教会了我很多。在我的职业生涯中，他们给了我许多建议、鼓励、友谊和支持，对此我非常感激。我很高兴能把这本书献给他们。

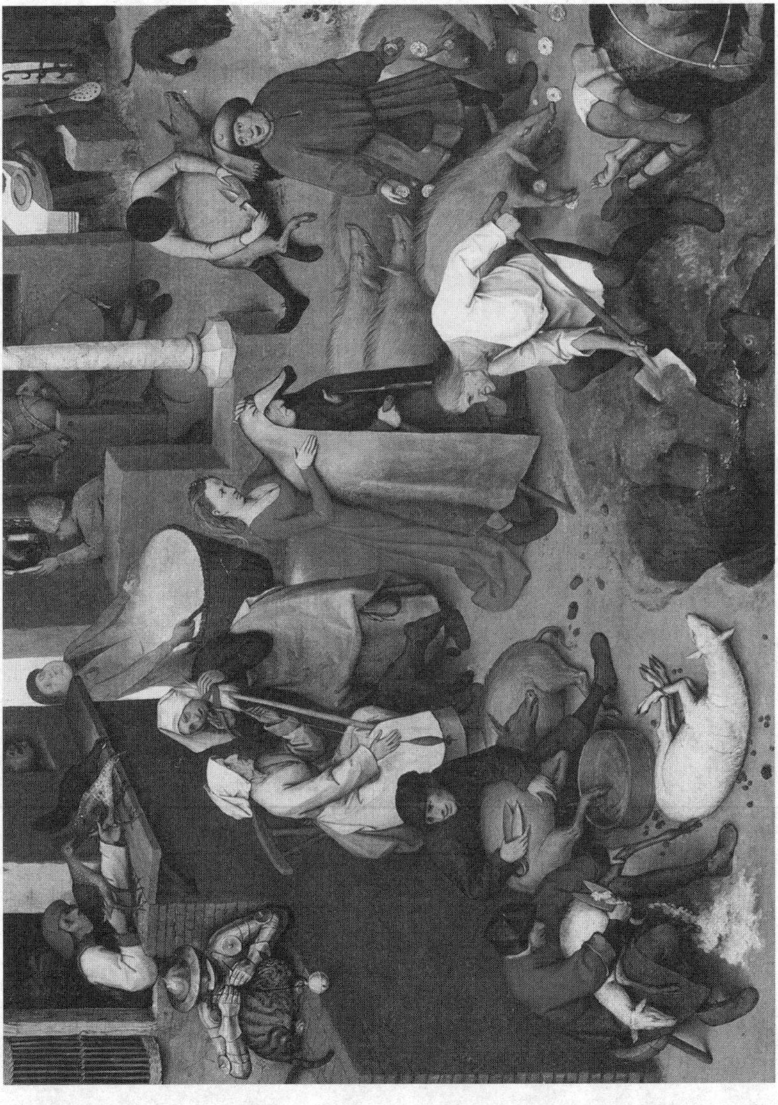

图1　老彼得·勃鲁盖尔所绘的《尼德兰箴言》详图

第一章

历史与现在

这里有个问题：我们为什么不生活在勃鲁盖尔的画里？彼得·勃鲁盖尔曾在画中描绘了16世纪佛兰德斯小镇和村庄的日常生活（参见图1）。农民们驾驭着马，拉着犁和车。城镇居民在小商店里用手工工具织布、杀猪和烤面包。事实上，粮食在当时十分受重视，在经济中占了很大比重。

许多教堂极受瞩目。

娱乐活动围绕着乡村的庆典开展。

当然，今天的一切都不同了。手工工具成了业余爱好者的专利。

生产是在大型工厂用机械和机器人进行的。我们的住宅是用电和燃气来供暖的：木柴只会出现在壁炉里，木炭也只会用在烧烤上。我们开车，驾驶飞机，用手机打电话。我们住在大城市里。农民只占人口的很小比例。乡村是散步的地方，在那里我们与自然“重新建立联系”。

从那时到现在已过了几个世纪的时间。工业革命是这一过

程中的一个决定性转折点，而它就发生在从勃鲁盖尔时代到今
1 天的中间点上。

“工业革命”指的是18世纪中期到19世纪中期英国社会发生的影响深远的变革。这场革命具有“化身博士”的两面性（一面是杰基尔博士，一面是海德先生）。积极的一面是，随着工厂取代了手工方法，制造技术发生了革命性的变化。纺纱和织布机器的发明，蒸汽机通过改良从而成为应用广泛的动力源，在炼铁过程中以煤代替木炭，以及第一条铁路的建成，这些都促进了生产率的飞跃。价格低廉的煤炭取代了代价高昂的可再生能源，如木材、水和风能。不断寻求改进生产方法已成为正常的商业惯例。随着人们从农业转向工业和商业，城市也在发展。自18世纪中期以来，生产率和国民经济产出总量的增长为西方带来了令人羡慕的繁荣。这是杰基尔博士仁慈的脸。

工业革命也有黑暗的一面，它在带来进步的同时也带来了贫穷。这是海德先生那张恶毒的脸。技术变革使许多人失业。在新工厂里，每天工作十二个小时是很正常的，而且报酬很低。在不断扩张的城市中，工人们的住房往往很脏，缺乏有效的卫生设施和安全的饮用水。城市受到了污染。教育资源的供应有限。一些浪漫主义者反对新工业秩序，许多作家在“社会问题小说”中探索其矛盾。工人们组织工会（尽管是非法的）和抗议活动以改善他们的生存条件，而社会主义者则构划着一种更好的世界秩序。外国观察家对此感到震惊——他们希望英国的进步不要与贫困相伴。为什么劳动人口需要这么长时间才有可能改善生活？

2 工业革命的这些矛盾是其活力所固有的。“工业革命”一词

本身就具有误导性，因为它暗示了一种与先前时代的显著分界，而这正是托因比在他的《18世纪英国工业革命讲座》（1884）中推广这个词时的本意；不过，现在历史学家认识到，工业革命其实是两个世纪经济发展的顶点。1492年哥伦布航海到加勒比海之后，欧洲人殖民了美洲，大西洋经济蓬勃发展。英国在这方面尤其成功，并在未来的美国东海岸和加勒比地区建立了殖民地。大西洋经济体对英国商品来说是一个巨大的市场，手工业部门因此得到发展壮大，其在工业革命前夕的雇佣人数达到了工人总数的三分之一。这一领域就业人数的大幅增加带来了一场农业革命，以养活制造业人口；带来了一场能源革命，煤炭被用来为发展壮大中的城市供暖；使得英国的工资水平因而超过了大多数其他国家。高工资和廉价能源让发明技术变得有利可图——这些技术增加了对与劳动力有关的资本和能源的利用，即使用了提高生产率的动力驱动机器。这些技术在法国、埃及或印度都无利可图，所以这些技术得以在英国而非其他地方发明。这就是工业革命发生在英国的原因。

然而，工业革命时期的经济并不稳定。随着机器的发明，它们在竞争中击败了手工业部门。手工业部门的规模大、工资高，这就使得节省劳力的机器一开始就有利可图。机器的使用导致手工业行业一个接一个地出现大规模技术性失业。因此，手工业在17世纪和18世纪的发展也埋下了自我毁灭的种子。资本主义在生产体系的立新与破旧方面有着同样的天赋。熊彼特将这一过程描述为“持续不断的创造性破坏风暴”。工业革命的 3
狂风在带来进步的同时也带来了贫困。

工业革命中有大赢家也有大输家，他们的抱负和困境普遍影响了社会和政治生活。大部分农业用地为大约一万五千个家庭所拥有，在整个工业革命期间，这个群体的成员控制了议会，并占据了大部分高级政治职位。

当土地所有者声称自己按照国家利益行事时，他们往往以牺牲其他集团的利益为代价来推进自己的利益——一个著名的例子是1815年的《谷物法》，该法案旨在通过阻挠进口廉价谷物来维持英国小麦的高价格。为了扩大特权范围并增加城市在议会中的代表性而进行的大规模动员促成了1832年的《改革法案》，该法案赋予了许多中产阶级投票权，但这个国家的工人们却没得到投票权。19世纪30年代和40年代的“宪章运动”寻求男性普选权，但这些请愿总是被拒绝。只要工资水平停滞不前，贫困仍是不满的根源，上层阶级就会把民主视为对他们的财产和权力的威胁。直到19世纪中期，机器生产才最终清算了手工业。在那之后，工资开始上涨，因为高生产率工作岗位的创造速度要快于低生产率工作岗位的消失速度。工业革命结束了，1867年，工人阶级的上层终于获得了选举权。

具有增强效果的各种变革

工业革命促进经济持续增长的一个原因，就是它涉及了一系列相互加强的变革。事实上，其中一些变革发端于工业革命之前，因此，工业革命既是经济变革的结果，也是经济变革的
4 原因。

技术变革是推动经济增长的发动机，而技术革命是工业革命的核心。一个学生曾写了句名言：“大约在18世纪60年代，一波小发明浪潮席卷了英格兰。”最著名的小发明来自钢铁、棉花

和动力输出行业。亚伯拉罕·达比在1709年成功地用焦炭取代传统燃料木炭熔炼生铁，引发了炼铁工业的变革。18世纪40年代亨茨曼的坩埚炼钢法改革了钢铁生产；亨利·考特在18世纪80年代用同样方法对熟铁进行了炼制和轧制。在詹姆斯·哈格里夫斯于18世纪60年代发明珍妮纺纱机之前，棉花的纺制一直是用轮子、卷线杆和纺锤手工进行的。理查德·阿克莱特在18世纪70年代发明了水力纺纱机；塞缪尔·克朗普顿在十年后发明了骡机。

工厂化纺纱实现后，埃德蒙·卡特莱特于1785年左右发明了动力纺织技术，并花了几十年时间来完善这种技术。最后，随着托马斯·纽科门在18世纪初期发明了蒸汽机，以及詹姆斯·瓦特在18世纪60年代对蒸汽机进行了改进，动力技术从传统或有机来源（如木材和木炭、风、水和动物）转向了煤炭。在接下来的一个半世纪里，这些技术得到了进一步的完善，随着19世纪30年代铁路和蒸汽船的发明，这些技术的突破延伸到了其他领域，比如交通运输。到了19世纪中期，机械化在英国工业的大多数领域内普及开来。生产方式和运输方式的持续变革是工业革命最伟大的遗产。

一场人口革命伴随着技术变革而来。英国的人口在1650年至1750年间保持在650万左右，之后开始增长，在1800年达到1 050万；1850年达到2 080万；1900年达到3 700万；1950年达到5 000万。自那时以后，人口自然增长率一直很低。 5 人口增长与工业化、收入、城镇化和教育等经济变量之间的关系，自马尔萨斯开创性论文《人口论》（1798）以来，一直是研究和辩论的主题。

还有一场城镇革命开始于工业革命之前。1500年，人口规模5 000人以上的城镇，其居民只占到英国总人口的7%。到1750年，这一比例上升到23%，并且随着人口的增长而持续增长，在1850年达到50%；1910年为75%。伦敦从一开始的小城镇，成长为欧洲最大的城市。首都伦敦的人口数量从1500年的5万增加到1600年的20万；1700年达到50万；最后，在1800年达到了100万。

为了养活快速发展的城市，还需要一场农业革命。这场革命始于17世纪，粮食产量得到提高，牛和羊能提供更多的奶和羊毛，动物被饲养得更肥。这些进步得益于更好的选种、改良的土壤整备（部分是由于更好的设备）、选择性育种和新的轮作方式（包括种植像芜菁和车轴草这样的饲料作物）。与此同时，随着农业生产方式的改善，公共田地和牧场被圈起来，小型家庭农场被合并为利用雇佣劳动力经营的大型“资本”农场。长期以来，人们一直认为圈地和大型农场是农作实践的改善和生产率提高的原因所在，但这种说法一再受到质疑。工业革命期间，农业产量持续增长，但英国越来越依赖进口食品，因为不断增长的需求超过了国内供给。

进口增加突显了英国转型的另一个特征——商业革命。进出口相对于国民收入变得越来越重要。这种发展也是很早就开
6 始了——始于16世纪末。在17世纪，英国出口了越来越多的毛纺织品、铁制品和其他制成品，同时进口了越来越多的香料、糖、烟草和热带产品。

工业革命开始后，制成品的出口飙升；与此同时，英国进口纺纱用的原棉以及粮食——用于养活不断发展壮大的劳动力

大军。

交通运输革命支撑了贸易的增长。在17和18世纪，更好的帆船降低了海洋运费率。在18世纪，随着运河系统的建立和道路的改善，内陆航运成本下降了。由于车辆行驶速度加快，旅行时间缩短了。1830年以后，铁路进一步降低了陆路运输的成本，蒸汽船最终也降低了海上运输的成本。一种世界经济产生了，全球化推动了英国的工业化，与此同时却使得第三世界偏离了工业化。

经济增长需要进行城市建设、工厂建设和交通设施建设，而商业发展的需要扩大了贸易信贷的规模。这些需求都通过金融革命得到了满足。在17世纪晚期，法律的变革催生出现代抵押，土地因而可以作为抵押品来筹集长期贷款。英国的农业地产被抵押，所得收益用于城市建设。17世纪90年代，随着英格兰银行的建立和国债的再融资，公共财政秩序得以重整。为国际贸易提供资金支持的私人银行在伦敦发展了起来。工业革命时期的制造企业都是以小型合伙企业的形式起步的，它们的工厂都由业主出资建造。由于企业的寿命比所有者更长，于是，19世纪中期，制造业中引入了公司的组织形式。

宏观状况

这些环环相扣的革命带来的结果就是国内生产总值（GDP）的长期增长（国内生产总值=总产出=英国的总收入）。在过去的半个世纪里，经济学家和历史学家齐心协力，对这种增长以及与之相关的生产要素（土地、劳动力和资本）的增长进行了衡量。图2显示了从1770年到1910年单个工人的实际GDP。在

1770年至1850年间，人均产出翻了一番，GDP以每年略低于2%的速度增长。与近年来某些地区GDP年增长10%的增长奇迹相比，这不算多，但推进世界技术前沿发展的主要经济体的发展速度总是要慢于后发展国家——他们可以复制发达经济体所采用的高生产率技术。对于第一个工业化国家来说，这种差异尤为明显。

对GDP数据的分析表明，在工业革命期间，单个工人GDP增长的原因之一是资本积累：相比于开始时，英国工人在工业革命结束时有更多的机器可以使用。然而，资本积累对劳动生产率增长的贡献很小。经济增长的最大来源是技术进步，也就是说，19世纪中叶的机器和生产组织形式比一个世纪前更有效率。

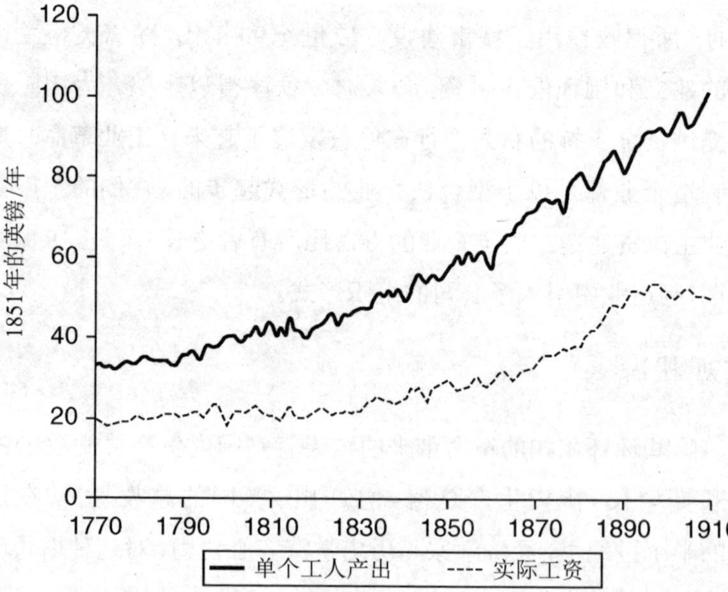

8 图2 单个工人GDP与实际平均工资

这是为什么呢？一种方法是将总生产率的增长分配给经济体的各个行业和部门。工业革命是各方面的统一进步，还是仅限于几个经过变革的行业？考虑到数据质量不佳，这是一种不确定的做法，不过，这种进步的推进程度看起来远非一致。在1780年至1860年间，经过"革命"的工业（主要是纺织业）对生产率的提高贡献了31%；运输改善（运河运输和海运）贡献了18%；农业的贡献比例为29%（或许令人惊讶，因为这可是一场工业革命）。经济领域内其他方面的贡献率只有15%。许多行业没有实现生产率的提高，包括面粉、面包、啤酒、运输船、煤炭开采以及像板条和壁板这样的木材制品。其他行业，比如制作铁器、鞋子、袜子、纸、玻璃、铁钉等，以及蒸汽和水力动力都取得了实质性的生产率增长。

在描述工业革命的记录中，蜡烛制作通常没有受到任何关注，但事实上，这一行业也发生了变革。蜡烛的生产率在拿破仑战争之前一直是停滞的，然后在一代人的时间里翻了一番，以每年2%的速度增长，这甚至比棉纺织行业的生产率增长还要快。19世纪40年代的生产工艺与之前几个世纪的手工工艺有很大不同。蜡烛是在模具中生产的，模具排列在巨大的齿条上，由一个操作员控制。甚至连浸蜡烛的制作过程也高度机械化，因此单个工人可以生产大量的蜡烛。就像棉线生产一样，生产的机械化提高了蜡烛制作的生产率。

赢家和输家

工业革命使英国的人均收入在1770年至1870年间翻了一番。然而，并不是每个人都分享了这一进步带来的红利。工人

9

阶级所代表的一方与另一方的中、上层阶级之间存在着巨大的分歧对立。图2突出显示了这种分歧对立，它标示出单个工人的实际平均工资和实际产出。后者在工业革命的一个世纪里翻了一番，而前者仅增长了50%。此外，实际工资的增长发生在这一时期的末期。从1770年到1830年，实际平均工资没有明显增长，19世纪30年代仅增长了5%。直到大约1840年之后，普通工人才开始参与（分享）工业革命的进步（带来的红利）。

此外，当我们在第四章更仔细地研究这个问题时，我们会发现，实际平均工资所掩盖的真相与其所揭示的一样多。一些工人的实际收入增加了，而另一些人，尤其是那些从事手工业的个人——他们构成了18世纪繁荣的基础，由于面临来自机械化生产的竞争，收入下降了。贫穷与繁荣相伴。

对工业革命的解释

为什么工业革命发生在英国而不是法国、荷兰、印度或中国？有许多长期存在的说法强调起一定作用的各种背景因素。

10 一种有影响力的理论将工业革命归因于资本主义的兴起。卡尔·马克思强调这种解释，根据他的观点，资本主义是唯一一种能够通过各种激励措施促成经济增长的经济制度。在以往的经济制度中，收入再分配而非创造新的收入，是人们提高生活水平最可靠的方法。马克思认为，资本主义是一个有许多竞争企业的体系。每家公司都必须提高生产率，否则就会被那些愿意提高生产率的竞争对手挤出市场。其结果就造成快速的资本积累和技术变革。因此，解释发展的秘诀，就是解释资本主义崛起的理由。马克思认为其中有两个重要的渠道。第一个是乡村社会的重组，这使得封建领主和在野外耕作的自耕农被无地劳动者和大规模的“资本”农场所取代。虽然乡村社会确实以这种方式发展，但事实证明，资本主义农业生产的生产率并不比它所取代的农民经济高多少。另一方面，“将生产者与生产手段相剥离的历史进程”，即剥夺农民的土地、工具和牲畜，这样他们就不得不为了生存而变成雇工，可能也提高了他们从事工艺品生产和迁移到城市找工作的意愿。

马克思以及许多其他思想家在这一点上观点都相同，即强调全球化对英国经济革命的重要性。在15世纪末哥伦布和达·伽马的航海发现后，大陆间的海上贸易逐渐增多。随后出现的便是永久定居点和殖民地。

欧洲的海外扩张是在各国争夺霸权的过程中完成的，每个国家都利用帝国主义和贸易政策，以牺牲竞争对手（以及当地居民）的利益为代价，增加自己的财富。各国通过排斥外国人的各种“重商主义”政策，确保为本国国民尽可能多地获得殖民地贸易。当关税失效时，战争就成为可以接受的选项。在这个世界上，一个国家只有通过侵略性的帝国主义才能获得成功，而英国被证明是欧洲发展提升最快的帝国之一。

11

奴隶制是全球经济的一个核心特征。在加勒比地区和北美，糖、烟草和棉花都产自由奴隶耕作的种植园。这些贸易规模很大，利润丰厚；因此，1800年之后，英国从美国进口的原棉是工业革命的重要原料。许多人认为，奴隶制是工业革命的基础，尤其是奴隶制的利润为英国的资本积累提供了资金。但是，尽管存在个案之间的联系，但从奴隶制中获得的利润总额不足以解释工业革命期间投资的增长。

自亚当·斯密以来的许多思想家，把英国的政治和法律制度看作解释工业革命的钥匙。1066年“诺曼征服”后，英国拥有欧洲最集权的封建制度。贵族在议会和战场上都有相当大的权力，例如，他们迫使约翰王在1215年批准了《大宪章》。17世纪，国王和议会之间的矛盾导致了“英国内战”，1649年查理一世被处死，奥利弗·克伦威尔成立共和国，1660年查理二世复辟。

1688年的“光荣革命”最终确保了议会至高无上的地位，詹姆斯二世逃离英国，议会为威廉和玛丽加冕。议会的胜利被视作遏制了国王的肆意用权，保障了人们拥有私有财产的权利，限制税收，从而为投资创造了有利的环境。工业革命是其必然的结果。

18世纪的英国议会由大地主控制，它通过了许多法案，为改善道路、建设运河和重组农业做了准备。新的基础设施或许促进了经济发展。

然而，税收不是低收而是高取，税收收入被用来资助陆军和皇家海军建设，以保护英国的殖民帝国。帝国对工业革命做出了贡献，但并不是像1688年狂热分子所主张的那样加强了法律体系。其中一个原因就是，英国在1688年之前就已经形成了一个有效的法律体系，而且它巩固了16世纪和17世纪经济大扩张的基础。

一些社会科学家认为，经济增长的原因是一种强调纪律和努力工作的理性主义文化的传播。马克斯·韦伯将其与新教和宗教改革联系在一起。许多英国人是清教徒加尔文主义者，韦伯认为这是新教伦理的典型，而且苏格兰长老会的加尔文主义色彩更加浓重。不过，英国的清教主义在“英国内战”中遭到了质疑，因为下层的激进分子和民主人士声称他们的要求来自神的启示。18世纪，上层阶级的宗教立场转向自然神论。这种观点认为，上帝是一位退休的工程师，他根据牛顿定律使宇宙运转，但后来从未干预世界——去创造奇迹或宣扬民主主义。

当然，17世纪的科学革命是自然神论的第二个来源。科学发现确实为18世纪的一些技术，特别是蒸汽机的发明提供了支撑，并可能通过科学方法的普及更广泛地促进技术进步。事实上，上层社会对科学技术抱有很大热情。英王乔治三世接受了 13
特殊的科学教育，并为他的实验室收集了数量惊人的仪器。他的很多臣民都参加了在咖啡馆举行的讲座和演示。这一活动可能让英国人更认同技术进步。

然而，对于科学世界观的信奉是否扩展到了社会的底层，尚未明确。例如，对巫术的信仰就很普遍。1682年，首席大法官诺斯爵士的兄弟回忆说，“一个可怜的老坏蛋很少会因施行巫术而受到审判”，

> 但是，在她的身后，会有一种普遍的愤怒，几乎是要把她处死；而如果一个法官……宣称自己反对不虔诚的、庸俗化的观点，即魔鬼本身有力量折磨和杀害无辜的孩子，或者他喜欢拿好人的奶酪、黄油、猪和鹅，以及无知愚蠢的底层民众的类似错误来消遣……

那么，村民们就会哭嚎称，“这个法官没有宗教信仰，因为他不相信女巫”。对科学的热情就像漂浮在迷信之湖上的一层薄雾。

触发性事件

尽管这些背景因素给那些支持技术创新和商业投资的制度、实践和文化提供了支持，但它们本身不足以解释工业革命。世界上的其他地方也同样受到神的祝福，但工业革命并未出现在那些地区。而特定的触发因素出现在了英国，这意味着工业
14 革命将在那里发生。我们将在第二章和第三章探讨这些问题。

第二章

前工业革命时期：1500—1700

威特尼是牛津西北十五英里处的一个小集镇。这里距离逐步展开工业革命的英国北部很远，却经历了许多相同的变化。在研究国家和国际模式之前，我们先看看在威特尼发生了什么。它阐明了前工业革命和工业革命时期的许多主题。

威特尼布料行业在中世纪期间发展起来的基础是：科茨沃尔德的羊毛、用于漂洗和染色的温德拉什河的河水，以及15世纪修建的通往伦敦的“新桥”和阿宾顿大桥所构成的良好道路连接。17世纪初，威特尼开始专门生产毛毯，并因此而闻名。这个市场是国际性的。质量最好的毛毯会出口到西班牙和葡萄牙。人们将毛毯用马车运到伦敦，在那里装船运往海外。

质量较差的毛毯则流向了北美。在18世纪，哈德逊湾公司购买了许多毛毯，并送往加拿大，在那里与当地印第安人交换海狸皮毛。哈德逊湾公司一直到19世纪都是威特尼毛毯的主要买家。全球化渗透并改变了牛津郡的农村地区（参见图3）。 15

EARLY'S
ORIGINAL
CANADA
NEW ENGLAND
VIRGINIA
W
S
WITNEY POINT
BLANKETS
MADE IN ENGLAND SINCE 1669
GUARANTEED ALL WOOL
EARLY'S
WITNEY POINT
BLANKET
MADE IN ENGLAND OF PURE WOOL

16 图3 厄尔利点毯

在18世纪，该行业按照前工业化的方式进行管理。织工师傅的数量有六十人至八十人，平均每人有三台织机。一台用于他们自己干活，另两台则由其他家庭成员、学徒和按工资雇来的熟练工操作。1712年，威特尼毛毯公司成立。它以传统行会的方式运行，设定质量标准，规范学徒制度。所有的织工师傅都必须成为行会成员。行会于1721年建造了一个大厅，作为毛毯检查点和行会会议的场所。织工师傅将漂洗和染色工序分包给其他工匠，并为边远村庄的妇女提供原毛，由她们进行梳理并用来纺纱。每年的生产大约消耗七千包的羊毛。

工业革命期间，技术发生了变化，劳动的组织方式也发生了变化。1800年左右，弹簧织机被引进。这种带梭子的织机可以由一个人操作，而不是像以前那样要求两个人操作。珍妮纺纱机被改用来生产毛毯的粗羊毛，于是家庭纺纱工都失业了。在组织方面，织工师傅的数量下降到不足十几个。1838年，最大的雇主是约翰·厄尔利，他雇用了七十名织布工，还拥有纺纱和漂洗机械。威特尼已开始出现工厂。

这些变化没给劳动力带来好处。著名的农业改良家、经济生活各方面的评论家亚瑟·杨这样评论道，机械化意味着“织工师傅和织品可能会繁荣发达，但不能说劳动力也会如此”。受雇的织工数量减少了一半。“引进机械的后果带来了……一种压低工资的权力，以剥夺穷人在整个王国的繁荣中所占的任何份额，或至少让他们占有的份额变得很小。”在整个工业革命期间，纺织工人的工资名义上是一样的（每周11先令），但1830年的购买力比1770年低得多，因为消费价格高出了50%。大部分农村地区都受到了影响，因为工厂化纺纱意味着妇女失业。威

17

廉·科贝特写道：

> 这个地方（格洛斯特郡惠廷顿）的衰败和苦难的一部分，也许相当大的一部分，是由于机械……在毛毯生产过程中的使用，威特尼镇……是这种织物的生产中心，羊毛过去由这个镇送到科茨沃尔德所有村庄，然后运回纱线或经纱……这些工作现在都没有了，所以妇女和女孩成了“多余的”。

就业和实际工资的下降确实意味着在威特尼织毛毯是有利可图的，而且在之后两个多世纪的时间里，该行业一直是这个城市的经济基础。技术继续取得进步。第一台用于纺纱的蒸汽机制造于1851年；当铁路在1861年建成后，蒸汽机成为通用动力。动力织机用于棉纺之后一代人的时间内，于1858年被应用于毛毯的制作。第二次世界大战之后，对新技术的投资是巨大的，但这不足以维持这一行业的发展。约翰·厄尔利的后继公司最终倒闭，2002年，最后一条毛毯在威特尼织成。18世纪的织工小屋和毛毯大厅现在构成了威特尼保护区，是非常受欢迎的住宅。

北欧的崛起

17世纪、18世纪威特尼毛毯行业的发展，是制造业从地中海向欧洲西北部转移的大趋势的一个缩影。中世纪末期的1500年，意大利和西班牙是欧洲城市化程度最高的国家和制造业强国。北欧唯一相对发达的地区是低地国家（今天的比利时和荷兰）。除此之外，欧洲大陆主要由田园乡村和耕作农业构成。这些经济结构上的差异在方框1中已得到了说明，方框1将人口划分为城市人口、农耕人口和农村非农耕人口三个部分。 18

1500年，农业人口占英国和其他欧洲大陆国家总人口的四分之三。（这与20世纪初在印度和中国等欠发达国家观察到的比例相同。）在意大利、西班牙和低地国家，农业人口所占比例较低。后者相应地拥有更多的城市人口，这一点很重要，因为大多数制造业的生产活动都是在城市里进行的。1500年，所有欧洲国家的农村非农耕人口占人口的比例（14%至19%）大致相同，这些人包括乡村住宅的仆人、牧师、运输工人和满足当地需求的乡村工匠。

方框1：全球化如何改变前工业化的欧洲?

根据人们的居住地点和从事的工作把人口分为三类，我们可以看到欧洲国家的经济在1500年到1750年之间是如何进行变革的。这些类别包括“城市人口”（居住在五千人以上居民点的人）、“农耕人口”（居住在城市居民点之外并耕种土地的人）和“农村非农耕人口”（居住在城市居民点之外并从事农耕以外工作的人）。最后一类人包括村里的牧师、僧侣、仆人、车夫、矿工、纺纱工、织布工和其他工匠。下表显示了按照现代边界划分的欧洲主要国家的人口分类情况。每个国家每年这几类人口百分比加起来是100%。变化最大的国家是西北欧的商业大国。 19

	1500			1750		
	城市人口	农村非农耕人口	农耕人口	城市人口	农村非农耕人口	农耕人口
变化最大的(%)						
英国	8	18	74	23	32	45
荷兰	30	14	56	36	22	42
比利时	28	14	58	22	27	51
略有发展的(%)						
德国	9	18	73	9	27	64
法国	9	18	73	13	26	61
奥地利/匈牙利	5	19	76	7	32	61
波兰	6	19	75	4	36	60
几乎没有变化的(%)						
意大利	22	16	62	22	19	59
西班牙	19	16	65	21	17	62

资料来源：罗伯特·C.艾伦,“1300—1800年欧洲经济结构和农业生产率”,《欧洲经济史评论》,2000年,第3卷,第8—9页。

工业革命前夕，欧洲手工业的中心已经转移到北海。英国经济的转变最为明显。农业人口所占比例已降至45%，而城市人口所占比例跃升至23%，农村非农耕人口所占比例跃升至32%，为欧洲最高。城市所占份额的增长部分是由于制造业的扩张（例如，伦敦的家具制造和图书出版；在伯明翰进行的金属加工等），但更多的是由于商业和航运的发展。制造业的发展在农村非农耕人口比例的增加上体现得最为明显。在17世纪，羊毛和亚麻行业像其他许多行业一样在农村扩张。威特尼模式被广泛使用：商人们签约让男人和女人在家里纺纱、织布和织长袜。商人把原料送到工人那里，收集成品，再付给纺纱工和织布工报酬。这些农村企业在地理上很集中，他们的产品销往整个欧洲，甚至全世界。英国是这场所谓的"原始工业"革命的领导者。

荷兰人和比利时人也紧随其后。事实上，到17世纪末，荷兰经济即使不是转型最彻底的，也是最现代化的。荷兰的城市化程度最高，农业人口所占比例最低。早期现代政治经济体的一个大问题是如何赶上荷兰人。英国人通过工业革命做到了这一点。

欧洲其他国家的变化程度要小得多。在欧洲大陆的大国中，农耕人口占劳动力的比例略有下降，而农村制造业则相应增加了，但城市规模仍然很小。这些国家不是经济领导者。 21

西班牙和意大利经济体在所有国家中变化最小。这种停滞在某种程度上具有欺骗性，因为西班牙城市人口比例的稳定包含着马德里城市人口的巨大增长和老制造业城市的崩溃。尽管如此，意大利和西班牙在欧洲经济表现上却从第一位下滑到了末位。

在全球经济中取得成功

为什么英国和低地国家的经济发生了如此巨大的转变？第一章所强调的背景因素功不可没，但这些因素还不足以解释这种变化。事实上，这些“背景因素”中有许多可以说是西北欧扩张的结果，因此因果关系不明。如果这些背景因素起作用的话，它们的作用是通过改善“投资环境”、提升劳动力流动性或改善商人的态度，抑或通过降低发展成果被人口扩张吞没的概率，来加强经济对激励措施的反应能力。通过分析经济诱因本身的演变，我们可以更深入地了解工业革命在英国发生的原因。

正是国际经济的发展与欧洲各国政府的帝国政策和军事政策，创造了触发工业革命的特殊诱因。在中世纪，胡椒、肉桂、肉豆蔻和其他香料从印度和东南亚经由中东出口到欧洲。在15世纪，横帆船的发明使欧洲人得以绕过非洲航行到亚洲。1498年，瓦斯科·达·伽马到达印度，他的成功促成葡萄牙在亚洲和巴西建立了帝国。然而，成功是短暂的，因为许多亚洲殖民地在16
22 世纪被荷兰人占领。在瓦斯科·达·伽马航海的前几年，克里斯托弗·哥伦布说服西班牙国王斐迪南和王后伊莎贝拉资助他尝试向西横渡大西洋到达亚洲，于是他在1492年到达巴哈马群岛。“发现”美洲（之前几个世纪以来，欧洲渔民经常去加拿大纽芬兰大岸滩）带来了一场对殖民地的争夺，西班牙似乎是早期的赢家，因为征服墨西哥和秘鲁给它带来了大量的白银。然而，这种财富经证明对经济发展是不利的，因为它导致了通货膨胀，使西班牙的农业和制造业失去了竞争力。到了17世纪，英国、法国和其他强国占领了加勒比地区的殖民地，那里的财富来自非洲

图4　1730年左右的波士顿市东南景观

奴隶耕种的甘蔗种植园。英国人还沿着北美东海岸建立了一系列殖民地（参见图4）。

1757年，孟加拉被英属东印度公司征服。荷兰人和法国人还在印度、加勒比地区和北美建立了殖民地，但他们被英国人打败了，英国人从他们那夺走了许多殖民地。英国人和法国人遵循“重商主义”的经济政策，利用关税和其他贸易限制来保护自己的殖民地市场。随着大英帝国的扩张，英国制成品的市场也在扩张，这导致了农村制造业的巨大扩张和城市就业的大提升，如方框1所示。正如我们前面所看到的那样，威特尼镇是靠向加拿大出口毛毯发展起来的。 23

一些连锁效应

英国在世界经济中的成功，不仅仅体现在城市和农村制造业的发展上，还包括农业革命、煤炭革命、高工资经济以及识字率的提高。

在17世纪和18世纪初期——正好在工业革命之前，英国发生了农业革命：每英亩收获了更多蒲式耳的谷物；奶牛产出更多的奶；还有绵羊，生产了更多的羊毛和羊肉。每个工人的生产量也增加了。这是农业人口比例下降的另一方面原因。在1500年，每个从事农业生产的人除了养活自己外，还养活了三分之一的非农耕人口。到1750年，一个农民除了养活自己外，还可以养活1.2个乡村工业或城市里的人。农业劳动生产率的提高使城市和农村工业的发展成为可能。

然而，其因果关系却正好相反。长期以来，人们一直认为，资本主义农业的兴起导致了产量的提高，并造成农业就业人数的下降，从而使得城市由于大量廉价劳动力和食品的涌入而得到发展。事实上，农业革命的起因始于大英帝国的发展和重商主义政策——排除其他国家与殖民地进行贸易，相反地，（殖民地要）专注与英国进行贸易。贸易的增长促成了城市经济和制造业经济的扩张。随着伦敦和其他城市的发展，对食物和劳动力的需求也在增长。农民的反应是增加产量。由于农村劳动力被吸走了，农场规模扩大，土地被转为牧场，因此农业可以用更少的工人进行耕作。帝国的发展使农业发生了革命性变化。

煤炭革命也是伦敦发展的直接结果。在中世纪末期，英国和欧洲大陆所有主要煤矿的出露层都被挖出了少量的煤炭。然而其产量并没有增加，因为木材的价格仍然相对低廉。1500年，当伦敦人口只有五万的时候，在首都附近可以保证柴火和木炭供给，运输费用也很低。在接下来的两个世纪里，随着城市人口的爆炸式增长，对燃料的需求迅速膨胀，供给的运输距离和成本也大大增加。在16世纪，伦敦的木炭价格上涨，带动了煤炭价格的上涨。

随着木材变得越来越贵，消费者开始试图用煤炭作为替代品。然而，转换并不简单，因为木头是更清洁的燃料。煤中含有硫，必须通过许多工业程序才能去除。硫也使煤不适用于住宅供暖和烹饪——而这可是它的主要应用。转向煤炭需要发明燃烧煤炭的新技术。在住宅供暖方面，必须设计一种全新的房子。中世纪的房子会在主房间的中央有一个用来生火的壁炉。烟会飘到椽子上，然后从屋顶的通风口散出。如果用煤代替木头，即使火烧起来，屋子里也会充满有毒的烟雾。事实上，在敞开不密封的情况下烧煤是很困难的，因为煤必须放在空间密闭又有很强气流的地方才能充分燃烧。

解决方案是建造带有背靠背壁炉的联栋房子，烟囱通到两家共用的界墙上。人们在许多新房子中进行了大量的实验以确定这些系统的设计和尺寸——如何做到让一楼的烟通过烟囱上升排出，而不是通过一楼的壁炉排出呢？在16世纪和17世纪， 25
伦敦的大规模住宅建设促进了这一实验的开展。

17世纪，当这两种燃料在伦敦销售时，煤炭的单位热能价格大约是木柴或木炭的一半。随着伦敦在16世纪的扩张，木材燃料价格上涨。到16世纪80年代，煤的价值已经高到足以在伦敦卖个好价钱，足以支付在诺森伯兰郡开采并运至伦敦的成本。这就是煤炭业开始腾飞的时期。

一旦煤炭工业建立起来，英国北部就有了世界上最便宜的能源。在18世纪初期，伦敦的煤炭价格约为每百万英国热量单位（MBTU）11便士。阿姆斯特丹的泥炭能源价格也差不多，英国的煤炭也在那里出售。其他地方的（煤炭）能源要贵得多。在巴黎要19便士，在北京要20便士。而另一方面，在泰恩河畔的纽卡斯尔和其他北部城市，能源成本仅为每百万英国热量单位1.5便士。于是，工业革命发生在这些城市，而不是伦敦。碰巧，煤矿也靠近铁矿，这种资源的联合促成了现代炼铁工业的产生。蒸汽机的发明是为了排干煤矿的水，而在煤矿场里建造的第一条铁路是为了把煤拉出来。英国煤炭资源的早期开发（为英国）奠定了一种基本的技术发展轨道。

工资与生活水平

城市、制造业和商业的发展，也对英国劳动力市场产生了深远的影响。图5详细描绘了英国从中世纪到18世纪的实际工资和人口的变化过程。

这段时期正好分为两个阶段。第一阶段，从1300年到1600
26 年，经济主要是农业。这一时期的特点是马尔萨斯式停滞。当人口像1348年到1349年那样因黑死病而减少时，实际工资却因劳动力短缺而增加。当人口在1500年到1600年间出现反弹时，实际工资下降了，因为劳动力受雇于生产率越来越低的工作。没有出现累积性进步，只有一个勉强维持生计的循环。这种模式是许多前工业化经济体的典型模式。

然而，在1600年之后，这种模式被打破了——因此这一年就是临界点。从1600年到1750年，英国人口稳定增长，实际工资也稳步增长。在这几个世纪里，由于劳动力供给的增长，只有在劳动力需求增长快于人口增长的情况下，工资才能上涨。劳

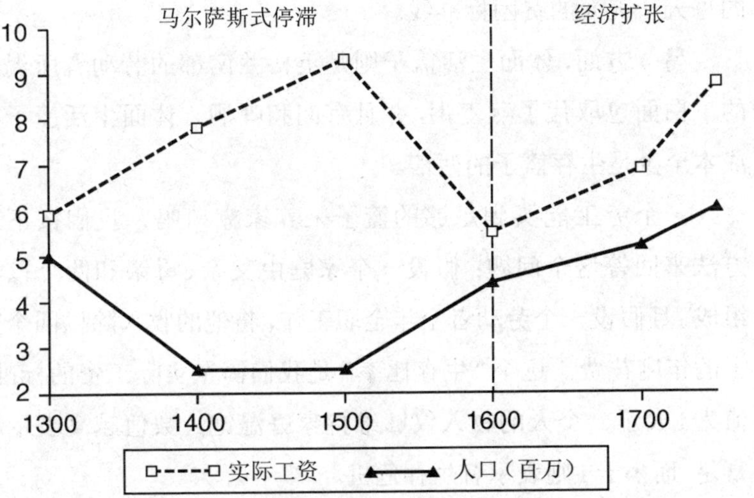

图5　1300年至1750年英格兰的人口和实际工资

动力需求的增加，是由于城市和制造业的发展，而这又得益于英国商业帝国的发展。英国的前工业化经济发展促成了实际工资的上涨。

1600年之后，英国人的生活水平开始领先于世界其他国家。27 我们可以通过比较年劳动收入和生活成本来理解这一发展，生活成本是用一篮子消费品的年成本来衡量的。方框2中显示了两个例子。

在这两个篮子中，人均卡路里消耗量（男性、女性和儿童的平均值）设定为每天2 100卡路里。生存篮子代表了典型的穷人。人们的大部分消费都是购买最便宜而易得的谷物——在英国主要是燕麦片——它提供了大部分的卡路里。这种饮食结构中几乎没有肉，更没有酒。非食物支出很少。像这样以面粉或大米作为主食的篮子，其价格相当于世界银行提出的非常有名的每天一美元的贫困标准线。

另一方面，体面生活篮子则是英格兰南部的劳动者所渴望的。白面包取代了燕麦粥，并且有肉和啤酒。体面生活篮子的成本至少是生存篮子的两倍。

一个劳工能买到足够的篮子来养家糊口吗？我们按下述方法来回答这个问题：假设一个家庭由父亲、母亲和两个孩子组成，且假设一个劳动者全年全职工作，将他的收入除以四个篮子的年度花费。这个“生存比率”是我们衡量实际工资的标准。值为1表示一个人的收入仅够维持家庭温饱。数值越高表示越富足，而小于1则表示有生存危机。

在1770年，一个威特尼的织布工挣的钱几乎够买三个生存篮子，而且，他挣的钱也足够把他的生活水平提高到体面的水平。如果他的妻子做纺纱零活，他们赚的钱几乎要比这个体面生活篮子的所需费用高出50%。（到了19世纪20年代，一切都变了，妻子失去了纺纱的工作，丈夫的收入也骤减。他们仍然有足够的钱买生存篮子，但是体面生活的篮子则超出了他们的经济
28 能力。）

方框2：我们如何衡量生活水平？

我们衡量生活水平的方法是，用一个家庭的年收入除以根据我们设定的预算消费水平来维持一个家庭的费用。年收入数据要么来自社会一览表（参见方框5和方框6），要么是根据一个人每年工作250天的日工资率来估算的。确定生活水平的预算已进行了标准化。这里展示了体面生

活篮子和基本生存篮子：

	篮子	
	体面生活：每人每年消耗的数量	最低限度的基本生活：每人每年消耗的数量
燕麦片、谷物		170公斤
面包	182公斤	
大豆/豌豆	34公斤	20公斤
肉	26公斤	5公斤
黄油/油	5.2公斤	3公斤
奶酪	5.2公斤	
鸡蛋	5.2公斤	
啤酒	182升	
肥皂	2.6公斤	1.3公斤
亚麻布/棉布	5米	3米
蜡烛	2.6公斤	1.3公斤
灯油	2.6升	1.3升
柴油	5.0 MBTU	2.0 MBTU

“体面篮子”描述的是18世纪英格兰南部生活体面的劳动者的消费模式。“基本生存篮子”定义了一种艰苦的生活标准，即生存所需的最低水平。计算中使用了最便宜而易得的谷物（例如，英国的燕麦和意大利北部的玉米），所以基本生存篮子可以用来比较世界各地的生活水平。在这两个篮子中，卡路里水平都设定为每天2 100卡路里，谷物

的数量也会进行调整，以确保这一结果。

这个表格显示了一个人的年消耗量。通常假设一个四口之家消费了四个篮子，在计算家庭的年度生活费用时，考虑到租金，这些篮子的成本增加了5%。在本书中，当我们提到篮子的成本时，我们指的是表中物品的成本加上租金补贴。

一个家庭的年收入与包括房租补贴在内的四个篮子的成本之比，是我们衡量生活水平的标准。它表示一个家庭一年可以消费的篮子的数量。实际上，如果他们有很高的收入，他们会升级消费模式，而不是把所有的钱都花在篮子里的基本商品上。

图6比较了中世纪至工业革命期间欧洲和亚洲主要城市劳动者的实际工资。

黑死病之后，欧洲各国的实际工资水平大致相同，但随后出现了巨大的差异。伦敦和阿姆斯特丹的工资水平依然很高。这些城市的工人可以为他们的家庭购买数个生存篮子（尽管他们通常会提高在食品上的支出，包括购买更多的肉类、啤酒等）。相比之下，佛罗伦萨和维也纳的实际工资有所下降。

到了18世纪，那里的工人几乎连生存篮子都买不起。北京和德里的工人收入同样少得可怜。这些城市之间的差异是由国际贸易造成的。伦敦和阿姆斯特丹是飞速发展的港口，工资很高。随着农村移民的拥入，人口迅速增长。对劳动力的需求迅速增长，足以维持高工资水平。相比之下，欧洲大陆和亚洲大部

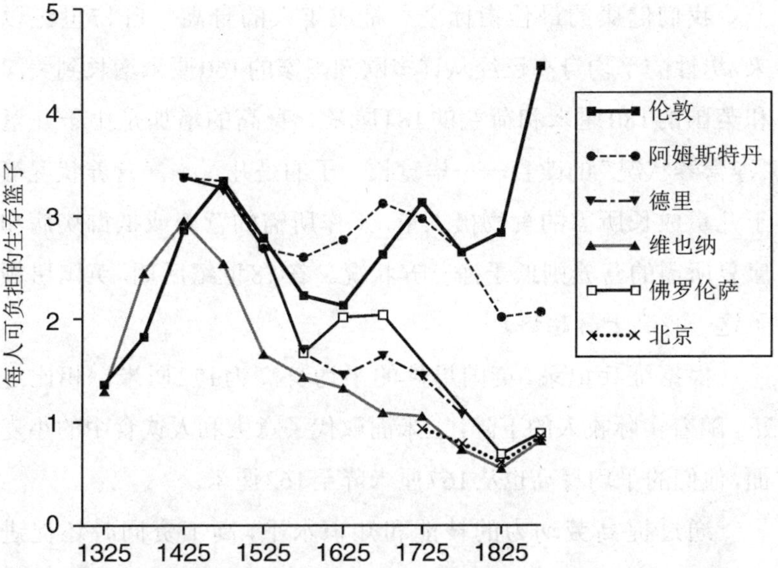

图6　世界各地相对于生存成本的工资

分地区的劳动力需求是停滞的，因此人口增长将工资压低到勉强糊口的水平。在工业革命早期，英国的高工资经济对生活的许多方面都有影响。其中一个方面就是消费。许多全职英国工人的收入是维持生计水平费用的几倍。他们并没有因此好几倍地购买方框2中所示的燕麦片。相反，他们将消费提升到体面篮子里。此外，英国工人购买了更多的制成品，比如盘子、绘画、衣服等。18世纪发生了一场消费革命，而英国的工人正身处其中。31

健康和识字率

幸福不仅仅建立在消费基础上。联合国人类发展指数综合了收入、健康和教育程度，得到了一个更加平衡的观点。我们同样可以扩大前工业化时期的比较范围。

我们健康的最佳指标之一是成年人的身高。自17世纪以来，男性的平均身高已经从许多欧洲国家的160厘米增长到美国和英国的180厘米和荷兰的184厘米。身高的增加是由于儿童“净营养状况”的改善——毕竟长个子的是儿童。净营养状况等于儿童成长所需的食物摄入量，工作所需的营养或抵御疾病和康复所需的营养则低于净营养状况。在18世纪后期，英国引领了这一身高上升趋势。

根据征兵记录，英国男性的平均身高为172厘米。相比之下，随着实际收入的下降，玉米面取代了意大利人饮食中的小麦面，他们的平均身高也从167厘米降至162厘米。

通过提高劳动力的技能和知识水平，高工资同时还促进了经济发展。在过去，很难持续和全面地衡量学校的就学率，但我们尝试通过研究能够在文件上签名而不是简单地做个记号的人的比例来衡量识字率。方框3概括了这项指标的各种
32 结果。

1500年，整个欧洲的识字率都很低。只有在城市里，许多人才能自己签名。到1800年，世界各地的识字率都有所提高。西北欧的识字率增长幅度最大。大约三分之二的荷兰人，一半的英国和如今比利时区域的人会签名。根据人们陈述年龄的精确度来判断，这些地区在计算识数能力方面也处于领先地位。这种能力的提高可能有两个原因。首先，英国和低地国家是城市化的商业经济体。在那种环境下（不像在农场）能够读写是有回报的，所以这些国家对学校教育的需求很高。其次，学校教育不是由国家免费提供的，必须由私人购买获得。西北欧的工资
33 很高，所以父母有经济能力让孩子接受教育。

方框3：欧洲人受教育程度如何？

关于前工业化欧洲的学校教育，没有全面的统计数据，但我们可以通过计算有多少人会在文件上签名而不是做标记，来收集一些有关受教育程度的信息。在城市可以签名的人要比农村人多得多。中世纪末期，识字率非常低，到了1800年，识字率大幅上升。在工业革命时期，男孩通常会在乡村学校接受几年的教育，然后通过当学徒来学习一门手艺。许多女孩也接受了一些教育，但男性的识字率高于女性。以下的平均数字包括了男性和女性：

能够自己签名的成年人的比例

	1500年	1800年
英国	6	53
荷兰	10	68
比利时	10	49
德国	6	35
法国	7	37
奥地利/匈牙利	6	21
波兰	6	21
意大利	9	22
西班牙	9	20

资料来源：罗伯特·C. 艾伦，《全球视角下的英国工业革命》，2009年，第53页。

34

第三章

为何工业革命发生在英国

工业革命是英国对达·伽马和哥伦布航海开启的第一次全球化所带来的挑战的开拓性回应。

这里存在几点联系。第一，世界贸易的增长给英国带来了新的产品，包括中国的瓷器和印度的棉布。它们的需求量很大，英国公司试图仿造它们。第二，贸易的增长和帝国的扩张为英国产品开辟了新的市场，随之而来的生产和商业扩张带来了异乎寻常的高工资和廉价能源。如何在这样的环境下竞争，是英国工业界需要创造性应对且最为重要的工程挑战。第三，商业扩张和工资上涨改善了劳动力的健康状况和实力，提高了教育和技能的回报，帮助了英国工业应对外国竞争的挑战。其结果是识字率、计算能力和贸易技能的提高，这些都为制造业提供了支撑。

工业革命还从另一个与全球化并无关系的来源中汲取了力量，即17世纪的科学革命。它不仅贡献了新的知识，特别是大
35 气压和真空的发现，还促成了新的态度和实践。人们以“科学”的方式来研究世界，包括对技术的研究，这种方法给发明领域带

来了回报。重大突破要归功于“宏观发明家”，他们打破传统思维模式，创造出全新的技术。宏观发明家通常是引领性科学家，或者是影响和启发其学生、同事或朋友的人。通过将启蒙运动的知识和态度广泛传播到英国社会各界的网络，许多人建立起与科学先锋的联系，这就使得英国在技术上更具创造力。成立于1660年的“英国皇家学会”是这个网络的顶点，它还包括一些地方学会，比如伯明翰的月球学会，以及无数进行科学演示的咖啡馆及类似场所。这些交流渠道，以及人们普遍认为技术可以通过观察和理性推断予以推进的观点，被称为“工业启蒙”。当然，这些交流网络的形成以及对这些态度的采纳，可能是对发明收益提高而做出的反应，但对工业革命持有工业启蒙观点的人，把工业革命看作一种文化发展，认为它起源于科学革命以及更广泛的启蒙运动，而非经济学。

棉花产业

棉纺业是亚洲进口物资对英国经济产生变革效应的一个典型例子。17世纪，东印度公司开始将印度印花布和平纹细布运往英国，这些织物非常受欢迎，以至于人们试图在国内模仿织造。18世纪初，英国实施了复杂且不断变化的进口限制措施，以保护英国羊毛工业免受印度竞争的影响。这些限制产生了意想不到的后果，创造了一个受到庇护的小环境，英国手工棉纺行业得以开始运作。英国布料被出口到非洲，在那里用来交换奴隶， 36
并与印度印花布进行竞争。然而，在生产过程机械化之前，英国的生产规模一直都很小。

这一过程始于18世纪60年代的纺织和印刷行业，但直到19

世纪40年代动力织机把手摇织机驱赶出场时才完成。到1850年，棉纺业雇用了制造业中六分之一的劳动力，直接贡献了英国GDP的8%。埃里克·霍布斯鲍姆发现了一个重要的事实，他写道："不管谁谈论工业革命，都绕不开棉花这一话题。"

虽然工业启蒙运动出现在制陶作坊和蒸汽动力的发展中，但它对棉纺行业来说是次要的，因为棉纺业的发明者主要是那些与启蒙运动没有任何关系的手工匠。塞缪尔·克朗普顿（1753—1827）是纺纱机的发明者，而他的父亲只是兼职农民和织工。年少时，他就开始学习纺纱和织布技能。他上学时数学很好。这是纺织发明家的典型经历，也证明了普及教育的重要性。从16岁起，他为改进纺纱机默默工作了十年时间。除了纺织品贸易，他的活动主要集中在新耶路撒冷教堂——一个斯威登堡教会，而不是启蒙运动机构。

机器是棉花贸易成功的秘诀。这是英国为应对高工资而开发出来的产物，给英国带来了几十年的竞争优势。该行业的三个主要分支——纺纱、织布和整理加工都实现了机械化。

既然从印度进口的印花布证明棉纺业有市场，手工纺纱也就兴起了。商人将原棉带给妇女，妇女在自己的农舍里用轮子
37 纺纱，换取酬劳（参见图7）。

纺一磅棉花的劳动时间随着纱线细度的增加而增加。英国的工资要比印度高得多，结果导致英国只能在劳动力需求最低的最粗糙的纱线上与印度竞争。为了生产更细的纱线，英国公司需要节省劳动力，而这只能通过发明机器来实现。

许多英国人抓住机会试图通过发明纺纱机来获利。约翰·怀亚特和刘易斯·保罗在18世纪40年代和50年代的滚筒

图7　内有手摇织机和纺纱机的爱尔兰小屋　38

纺纱几乎取得了成功，但他们在伯明翰的工厂最终破产了。詹姆斯·哈格里夫斯在18世纪60年代中期完善了他的珍妮纺纱机，这是第一台成功运转的纺织机。他的灵感来自观看一个旋转的轮子在倾倒后旋转。后来，他设计在一个普通水平轮子上安装一排纺锤，并模仿纺纱工人的手指，用木夹子把一排垂直的纺纱从纺锤上拉下来。1767年，理查德·阿克莱特聘请钟表匠约翰·凯用滚轮制造了一台机器，并花了五年时间完善。哈格里夫斯和阿克莱特还发明了梳理机，梳理棉花以备纺纱之用。阿克莱特在克伦福德建立了一家工厂来安放他的机器（参见图8）。

他在建造第二家棉纺厂时改进了布局，这成了欧洲和美国棉纺厂的原型。十年之后，克朗普顿将哈格里夫斯和阿克莱特的设计元素结合在一起，创造出了骡机（走锭精纺机），成为19世纪英国主要的纺纱机器。当然，纺纱机一旦投入使用，工程师

图8　纺纱厂在纺纱

们就会观察并完善它们，通过“边做边学”来改进它们。哈格里夫斯和阿克莱特的机器使英国成为世界上粗纱的低成本生产国，而骡机则使得英国也成为细纱的低成本生产国。 39

一个备受争议的问题是，为什么这些发明产生于英国，而不是在法国或印度？一种经济学解释将原因指向了工资和机械价格。第一批纺纱机是一种非常昂贵的节省劳动力的方法，因此效果不好。在18世纪后期，法国和印度纺纱工人的工资相对于设备价格要比英国低得多。早期的纺纱机在英国的使用是有利可图的，因为它们节省的劳动力价值相对于机器的成本来说是可观的。在欧洲大陆或印度，它们不值得使用，因为相对于设备成本，其所节省的劳动力价值非常小。早期的纺纱机在英国使用是有利可图的，但在国外则不然，这就是工业革命发生在英国的原因。

历史在纺织业的发展中重演。18世纪80年代，有数百家纺纱厂成立。棉纱价格急剧下降，纺织工业扩大，以加工所有类型的纱线。然而，织布仍然是使用传统手摇织机的家庭手工业。19世纪初，就业人数激增，达到二十五万（占成年男性劳动力的10%）。随着劳动力市场的收紧，纺织工人的工资也大幅上升， 40
18世纪90年代和19世纪前几十年见证了“手摇织机工人的黄金时代”。埃德蒙·卡特莱特牧师是唯一一位与启蒙运动有所联系的棉纺发明家，他来自一个拥有土地的家庭，就读于牛津大学莫德林学院，是英国皇家艺术学会和农业委员会的成员。他认为设计一台织机很简单。他的灵感来自自动装置——模仿人类动作的发条人偶。如果一个机械女人能弹大键琴，她是否也能织印花布？这项任务被证明是极其复杂的。卡特莱特为之耗费他家族的财产，继续工作了几十年；其他发明家也接受了这个挑战。直到19世纪20年代，动力织机才得到充分改进，足以在效率上挑战手摇织机。

无论是纺纱还是织造，农舍生产模式都孕育着自我毁灭的种子。当成本和需求形势有利时，农舍模式的反应便是就业人数和产量的大幅增长。当就业人数接近现有劳动力的上限时，拥有必要技能的人的收入也就上升了；于是，那些高工资就成了发明家的目标，因为高工资意味着即使设计较差的机器也能获利。

织布并不是布料制造的最后阶段。它需要进行最后的整理加工。

18世纪，人们对印度印花布的热情很大程度上源于其色彩鲜艳的装饰图案。英国人用不同的方法模仿其外观。印度人的布料通常是手工绘制的，而英国人则采用资本更为密集的方式。最初，图案是用木板印刷出来的，结果是“一位聪明设计师的图纸可以被许多技术较差的工人复制，而印度人必须设计并完成
41 自己的工作”。

到了18世纪60年代，铜板已经取代了木板，但木板在欧洲大陆仍很普遍。

人们做了许多尝试，采用圆筒印刷，使这一改进过程继续进行下去。1783年，托马斯·贝尔的设计取得了商业上的成功。

各行各业的发明行为，都是为了应对18世纪英国工人所挣的高工资。在任何可能的地方，英国人都选择了比印度人更加资本密集的方法。在英国，由于工资较高，劳动力成本的节省超过了资本成本的增加。在其他工资较低的国家，情况并非如此。

结果，机器技术降低了英国的生产成本，却没有给竞争对手带来同样的优势。最后，到19世纪，英国拥有了世界上最具竞争力的棉纺工业。

英国在世界棉纺产品生产中所占的份额，从1750年微不足道的一小部分上升到1880年的30%。这种扩张在很大程度上是以牺牲非洲、中东和印度生产商（的份额）为代价的。

工厂的发明

纺织机械被安放在作坊里，18世纪80年代，各种棉纺厂是英国最常见的工厂类型。工厂是新时代的标志，因为它意味着许多领工资的劳动者在同一个地方工作，而不是个体手艺人在各自的小屋里辛勤劳作。集中的动力源驱动机器，是集中生产的原因之一，但不是唯一的原因。其他因素还包括劳动分工、技能获取、监督和质量控制。制棉行业的发展给工厂（发展）带来了很大的推动力，工厂生产方式也被其他许多行业所采用，因此值得进一步研究。 42

制帽是一个乏味的行业，尽管如此，它却实现了生产率的高速增长。这是通过工厂生产方式实现的。

19世纪40年代早期伯蒙德塞的克里斯蒂帽厂就是一个很好的例子。这家工厂雇用了一千五百人，是世界上最大的帽子生产工厂。这一机构从两个方面“很好地说明了大型工厂的经济性”。第一个是有效的组织，“一个机构内部集中多个部门，劳动力的分工，由工头对每个部门行使所授予的权力，并由业主对整体进行全面监督”。高生产率的第二个来源是机器的使用。工厂有一台十马力的蒸汽机，通过轴杆和传送带系统驱动蒸汽机周围的机器。一些工作已经机械化，而另一些需要依靠工人的技能手工完成。

羊毛进入工厂时需要清洗——很显然经由手洗。然而，仍要使用一个巨大的螺旋压榨机把水从羊毛中排出。羊毛被晾干，然后用纺织工业中使用的那种机器进行梳理。同样地，皮毛也被洗净，大毛也被剪掉。这些都是手工活。

> 许多妇女坐在凳子上，忙着把粗糙的羊毛从毛皮上拔下来……每个女人都把毛皮放在膝盖或矮板凳上，用拇指抵住小刀，撕下较大的羊毛。

接下来，去除毛皮的皮毛，同样是由妇女来完成的，但现在她们操作动力驱动的切割机器来切割毛发。集中供电的吹风机将细毛从粗毛中分离出来。风扇以每分钟两千转的速度旋转，
43 风把较轻的皮毛吹到比重的皮毛更远的地方，从而实现分离。下一步，将羊毛和毛皮制成毛毡，需要高度熟练技能的劳动力，而不是机器。材料被放在长凳上，

> ……还有那弹弓手，他用左手抓着弓的杆，用右手拉着弦……使弦绳对着羊毛和毛皮快速振动……所有原来的细丝块或结都被完美地分开并舒张，纤维被击打时向上飞扬，工匠巧妙地使它们均匀地落在工作台上，形成一层非常轻而柔软的材料……

以备制毡。“尽管在陌生人看来这个操作很简单，但要熟练掌握

它需要多年的练习。”生产过程在熟练技能的手工加工、低技能加工和机器加工之间持续交替进行，直到完成帽子的制作。

伯蒙德塞（制帽）工厂这个例子说明了，把生产细分为一系列任务需要不同程度的技能，这些技能是通过经验获得的，并按不同效率获得报酬。质量由监督员检查，机器安装在资本劳动比高、成本得到降低的地方。我们知道机械化的程度是经过深思熟虑的。在19世纪30年代，美国的工资已经高于英国，美国的帽子制造商发明了一种系统，比克里斯蒂所使用的那种机械化程度更高。尽管亨利·克里斯蒂最迟于1833年就精通了美国的技术，但他的公司直到19世纪60年代才采用成熟的美国系统，正如他解释的那样，部分原因就是美国的资本劳动比要高于英国，因此节省的资金也比英国多。

蒸汽动力

前工业化的世界，动力来自人力和畜力的使用，来自燃烧木柴和木炭等有机燃料，来自风力和流动的水力。现代经济增长 44
需要更有效的能源，而首先得到利用的就是煤炭。最初，在16世纪晚期的伦敦，煤炭被用来取暖。在18世纪，煤的热能通过蒸汽机转化为机械能。从矿井中抽水是这种能量的初次应用。在接下来的一百年里，发动机逐渐得到改进，但在19世纪30年代左右高效高压发动机出现之前，它们对经济的影响很小。这些发动机在电力工业和交通运输中得到了广泛的应用。到19世纪中叶，蒸汽动力的革命性潜力得以实现，为经济增长做出了重大贡献。

蒸汽机的发明和完善与科学革命密切相关，无论是在新知识的应用方面，还是在与科学机构的文化和制度联系方面都有关联。学校的广泛普及和通过学徒制进行技术培训也很重要，因为蒸汽技术的发展需要许多来自普通背景的工匠和工程师的共同努力。

蒸汽机是17世纪科学家知识发现的重要应用。自然科学始于伽利略，他是第一个认为大气有重量的人。这个想法是他在研究矿井排水问题时产生的，他注意到抽水泵抽水高度不超过三十英尺。伽利略让他的秘书埃万杰利斯塔·托里拆利来研究解决这个问题。托里拆利发明了水银气压计，并测量了大气的重量。1672年，马格德堡的冯·格里克用一个垂直圆柱体称量大气，其顶部有一个上升的活塞。活塞上系有一根绳子，它环绕在滑轮上，并与一个冯·格里克放有砝码的平台相连。他发现，通过把空气抽离气缸，大气将活塞向下推，平台上升。他可以通过在平台上放置砝码来抵消上升的影响，并对大气进
45 行称重。1675年，丹尼斯·帕平通过向气缸中注入蒸汽，然后再进行冷凝压缩来消除真空泵的压力。帕平发明了一台原始蒸汽机。

冯·格里克的实验类似于托马斯·纽科门在1712年成功发明的第一台蒸汽机（参见图9）。

纽科门的发动机也采用了立式气缸和活塞。但他并未采用滑轮，相反使用了平衡木，砝码也换成了抽矿井水的水泵。将汽缸灌满蒸汽，然后通过喷射冷水使汽缸冷凝——这就是纽科门著名的“冷水喷射”——空气将活塞向下推，使水泵上升。纽科门发现了一种利用大气重量来把水抽到高处的方法，这也是一种赚钱的方法。

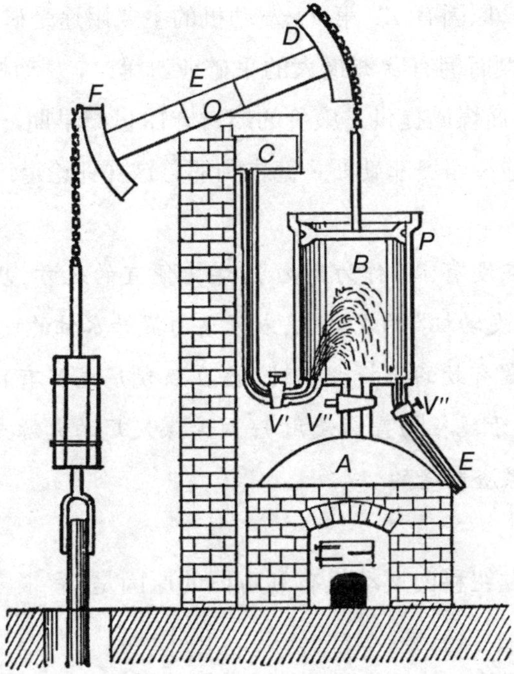

图9 纽科门蒸汽机示意图

有一段时间，研究蒸汽机的历史学家认为，纽科门对大气科 46
学是完全无知的，但近年来，这种观点发生了转变，现在人们认识到，纽科门可能确实知道自然哲学家的发现。这个渠道就是英国皇家学会会员托马斯·萨弗里，他了解这门科学。萨弗里发明了蒸汽泵，并前往达特茅斯进行推广。他可能在那里见过纽科门。可以确定的是，他们至少有一位共同的朋友。因此，工业革命中最伟大的一项发明很可能就是科学在起作用。

给蒸汽机提供基础支撑的科学来自整个欧洲（主要科学家是意大利人、德国人和法国人），但研究和开发是由一位英国人在英国进行的，因为英国是唯一一个大规模使用发动机有利可图的地方。原因有二：第一，发动机的主要用途是矿井排水，英国由于采煤而拥有欧洲最大的采矿业。第二，发动机消耗了大量的燃料，而煤矿提供了廉价的燃料。18世纪早期，一位重量级工程师约翰·西奥菲勒斯·德古利耶曾这样评论道：

> 在没有水（作为动力），煤又便宜的地方，现在被称作"火力发动机"的发动机，或用火力提升水位的发动机，是最好和最有效的选择。不过，这在煤炭厂尤其有巨大的用途（以至于现在仍普遍使用），因为煤炭厂的火源是用卖不出去的煤渣制造的。

在英国开发纽科门发动机有利可图的原因是，有很多煤矿需要排水。

纽科门的发动机是开启技术发展轨道的宏观发明。

在接下来的一个半世纪里，工业革命中多位负有盛名的工
47 程师改良了发动机。

包括英国那些便宜的煤炭在内，所有进料的消耗都减少了。燃料消耗从1727年的每马力小时消耗四十四磅煤下降到1847年每马力小时三磅煤。这种改进对英国工程界来说是一大胜利，但是它把在18世纪主要惠及英国的蒸汽机变成了世界各地都可使用的技术，从而削弱了英国的竞争优势。一旦煤的消耗量降低到每马力小时三磅，煤的价格对发动机的商业应用就无足轻重了。英国工程师发明了"适合所有人的技术"。

工业革命的一项智力成果是发明家作为"富有灵感的天才"的形象。这并非偶然：中产阶级的宣传者将詹姆斯·瓦特宣

传塑造为一个发明天才——因此，他是国家繁荣的担保人——还可与军事天才威灵顿公爵相抗衡，威灵顿公爵不仅打败了拿破仑，还成为地主阶级的政治领袖。事实上，除了天才突发灵感有了一个绝妙的想法之外，发明的出现方式很多。许多发明都包含了艰苦费力的制造工艺，这些工艺常将平庸的想法转变成可靠而廉价的产品或（生产）流程。纺织业就是如此。托马斯·爱迪生的妙语“发明是1%的灵感加上99%的汗水”就包含了这样一个基本的道理。“边做边学”也很重要，因为工程师和管理人员通过观察机器和生产流程在实践中是如何运作的，找到了改进它们的方法。有时许多公司（有意或无意地）交换信息，这样的话，一家公司的进步可以由另一家公司继续往前推进。这带来了集体发明。

蒸汽机的历史说明，发明可以用不同方式组织，同时也表明启蒙运动的精英发明家以及那些与高级科学没什么联系的工匠发明家都很重要。蒸汽机是由达特茅斯的五金商纽科门发明 48
的，他与英国皇家学会会员托马斯·萨弗里合作获得了一项专利，并产生了一些收益。燃料消耗从1727年的每马力小时耗煤四十四磅下降到1769年的每马力小时三十磅，这可能是由于集体发明的缘故，因为经营者们互相分享成果、相互借鉴经验。

耗煤量进一步从三十磅下降到十七磅。这是英国皇家学会会员约翰·斯米顿的研究成果。斯米顿收集了十五台发动机的记录——它们的主人没有把它们当作秘密，并对这些记录数据进行分析，以确定最有效的设计。斯米顿没有为他的发现结果申请专利。他通过咨询合同方式从他的研究中获利。斯米顿是工业启蒙运动的领军人物。

接下来的一个进步归功于詹姆斯·瓦特——英国皇家学会会员，他那著名的独立冷凝器将燃料消耗从十七磅降到了九磅。第一个带有独立冷凝器的发动机于1776年投入使用。瓦特当然有个人利益动机，他于1769年获得了他的冷凝器专利。瓦特的职业生涯表明了专利的双重性质：专利为他的发明提供了酬金，但它也阻碍了后来的进步，因为他利用自己的专利阻止了其他发明人使用复合气瓶进行试验。工程的进步发展受到迟滞，直到瓦特的专利在1800年到期才有进一步发展。

瓦特的例子也表明，将科学家和一线工程师联系起来的社会关系是很重要的。瓦特出生在格里诺克，18岁时被送到格拉斯哥学习数学仪器制造。瓦特最初与母亲的家人住在一起，通过母亲的亲戚乔治·缪尔黑德，瓦特认识了格拉斯哥的科学和文化精英。他和罗伯特·迪克（后来的自然哲学教授）以及约

49 瑟夫·布莱克医生（医学教授）成了密友。

在伦敦接受了一年的仪器制造培训后，瓦特于1757年回到格拉斯哥，并被允许在大学开设一个工作室，为约瑟夫·布莱克制造仪器。布莱克的科学研究与热有关，他构想出“潜热”的概念并提供给瓦特，这是瓦特在独立冷凝器上取得成功的原因。

后来，布莱克在爱丁堡大学就职，并给自己定下了应用科学知识发展苏格兰经济的任务。他与工业企业家一起工作。布莱克成了瓦特一生的朋友。瓦特通过与布莱克和布莱克圈子内的其他成员建立伙伴关系筹集了资金，比如约翰·罗巴克雇用瓦特在金内尔的一座煤矿安装他的第一台蒸汽机。苏格兰的科学—工业联合体是工业启蒙运动的典型例子，瓦特利用联合体的关系深化了他的思想，进一步推动了他的发明。

蒸汽动力的下一个进步是由康沃尔郡工程师推动的，他们设计了著名的康沃尔泵吸发动机来给铜矿和锡矿排水。他们的目标是节省燃料，因为煤是从南威尔士运来的，所以燃料非常昂贵。这个问题的严重性随着瓦特的专利权在1800年到期而加剧，因为瓦特在这个时候将他的工程师从康沃尔郡撤出，发动机效率急剧下降。矿主们不想花钱请瓦特提供建议，所以他们联合起来自己解决问题。每个月所有发动机的设计和燃料消耗细节都会经过确认，并发表在《里恩发动机通讯》上。通过这种方式，工程师们可以相互学习经验，在接下来的几十年里，康沃尔发动机得到了完善。这是一项大规模的集体发明，它创造了有史以来最高效的抽水技术。专利不是进步的必要条件。完成这些改进的工程师们与启蒙运动并没有什么关系。 50

陶瓷制品

瓷器是亚洲进口物品刺激工业革命的一个典型例子。在中世纪和近代早期，中国拥有庞大的瓷器工业，向世界出口精美的花瓶、大浅盘和其他瓷器商品。尽管也有其他颜色的装饰，但许多瓷器都以白色背景加蓝色图案作为装饰。英国的瓷器生产始于18世纪中叶。

当时在一个新的国家开办陶瓷工业在技术上存在困难，因为化学还处于初级阶段，这意味着当地原料的性质不容易确定，也不能通过常规的科学方法来调整生产方法。关于此的知识未被言明，由该行业的工匠掌握。这些挑战在17世纪中期开始的一系列改进中得到了解决。在成功模仿国外产品之后，知名和不知名的陶工都在推动（制陶业的）进步。

陶瓷制作的历史也支持了工业启蒙的观点，即通过与顶尖科学家的接触，更重要的是，通过科学方法对制造方法进行完善，科学的进步推动了技术进步。事实上，陶瓷是最早用现代科学知识取代工匠惯例做法的产业之一。

17世纪中叶，英国陶瓷生产处于原始状态。大多数国内产品是廉价的本地生产的陶器。高端需求通过进口中国瓷器来满
51 足，大量的盐釉炻器从莱茵兰进口并出售给中下阶层家庭。

建立英国制陶工业的第一步是由约翰·德怀特（1633—1703）迈出的，他是工业启蒙推动技术进步的一个很好的例子。德怀特是一个自耕农的儿子，但他在学术上很有前途，他被牛津大学录取，在那里学习法律和化学，并在罗伯特·博伊尔的实验室工作。然而，他获得了法律学位，并一直担任神职人员，直到1669年，“经过多次试验，他得出结论，他掌握了制造瓷器的秘密。于是，他卖掉了自己的（神职人员）办公室，来到伦敦，在那里受到博伊尔先生和胡克博士的鼓励”。他试图制作各种进口到英国的陶器。虽然他在制造瓷器方面失败了，但他的实验揭示了制造盐釉炻器的秘密。这可不是一个简单的成就，因为它需要确定合适的原料，发明高温炉，并且要发现正确使用盐釉的方法。德怀特为他的方法申请了专利，并试图保密，但没有成功，因为他的员工辞职了，并创建了与之竞争的公司。德怀特负责建立了英国的盐釉炻器工业。

中国向欧亚大陆出口瓷器，许多国家的人试图将瓷器生产本土化。例如，奥斯曼土耳其人仿造了砂玻器。15世纪时，伊兹尼克的陶工利用当地材料创造了一种新颖的工艺，其特点是在白色釉底上有双面烧制的钴蓝色图案。在接下来的两个世纪

里，他们扩大了颜色的范围，并大量出口到中东和欧洲。然而，在18世纪，这一产业并没有引发工业革命，而是走向衰落。在欧洲，萨克森选帝侯、“强壮的”奥古斯特二世是一位狂热的瓷器收藏家，他推动了艾伦弗里德·瓦尔特·冯·契恩豪斯（工业启蒙运动的另一个例子，尽管他是德国人）和被囚禁的炼金术士约
翰·弗里德里希·波特格的研究。1708年，他们成功地制造出 52
真正的瓷器，在萨克森发现了瓷石和瓷土，梅森瓷厂由此诞生。

在英国，科学文化的另一个典范是威廉·库克沃西（1705—1780），他最终成功地生产出了硬瓷。他是一位成功的药剂师。18世纪40年代，他在康沃尔郡的托马斯·皮特的土地上发现了瓷石和瓷土的矿藏。皮特并非因为他的科学兴趣而出名，但他确实资助了库克沃西的专利申请和完善制造方法的实验工作，这可能是为了提高他地产中矿物的价值。库克沃西有许多科学界的熟人，包括约翰·斯米顿——他在建造埃迪斯通灯塔（1756年至1759年）时住在他家，以及詹姆斯·库克船长和约瑟夫·班克斯——他们在1768年与他共进晚餐。

乔赛亚·韦奇伍德（1730—1795）是工业启蒙运动的另一个典范，他把英国制造业提升到了更高的水平。他的家人都是陶工，他本人当过陶业的学徒。尽管如此，他接受了知识是通过实验获得的科学观点，并且进行了五千次实验，以找到更好的材料和工艺。他发明了一种高温计来更精确地测量温度，这使他被选为英国皇家学会会员。他建立了一家成功的制造企业，并主导了王后瓷器（一种改良的奶油色陶器）、玄武岩炻器、碧玉细炻器等新产品的引进。除了餐具，他还生产大奖章、装饰品和花瓶。他是一个了不起的市场商人。

德怀特、库克沃西、韦奇伍德……这看起来就像是工业启蒙运动在发挥作用。不过，尽管这些杰出人物对英国陶器的发展做出了决定性贡献，但他们并非孤军奋战。这群发明家在两个
53 方面有更广泛的伙伴。

首先，许多发明都是由只有行业背景、与启蒙运动没有联系的人创造的。韦奇伍德早期靠卖奶油色陶器赚钱，这种陶器在一个世纪里成为英国陶器的主要产品。奶油色陶器是伊诺克·布斯在18世纪40年代发明的。布斯是屠夫的儿子，在一个陶工家当过学徒。布斯在1750年左右还发明了二次烧制法。他是这种方法的首行者，做法是给陶罐上釉，用火烧后，在表面上画一幅画，并在外部釉上一层透明的釉以保护图像，然后再烧一遍。另一位出身贫寒的发明家是乔赛亚·斯波德一世（他的祖父是一个“采煤工人”），他师从托马斯·怀尔登。1784年，斯波德改良了釉下转印技术，并开发出骨瓷，这一项目由他的儿子约西亚二世完成。像德怀特和韦奇伍德这样的著名发明家，在一个由独立工匠制造商组成的行业工作，其中许多人对技术进步做出了同样有价值的贡献。事实上，有人可能试图通过把韦奇伍德重新归类为工匠而颠覆工业启蒙运动。毕竟，他在24岁时就开始做陶瓷实验了，当时他和托马斯·怀尔登一起工作。韦奇伍德直到52岁才向皇家学会宣读了他的第一篇论文。从工匠们的角度来看，英国皇家学会在赞美他们的一位领军人物时表现出了良好的鉴赏力，但他的发现和成就的动力来自下层，而不是上层。

其次，陶器技术是通过集体学习发展起来的，也是通过富有灵感的天才和研发企业家的努力发展起来的。尽管工匠们经常

试图对他们的改进之处进行保密，但事实证明这很困难，因为当员工离开公司时，他们会带走这些知识。尽管存在各种限制，结果还是产生了集体发明。陶艺的技术进步并不完全依赖于领军人物的行为。就像制陶业一样，集体发明的普遍性是灵感天才发明模式的第二个条件。 54

设计漂亮的罐子是一回事，将其成本低廉地制作出来则是另一回事。

陶艺方面的创新同等地瞄准了这两个方面。英国发展了与中国根本不同的方法。在这两个国家，技术发展的方向是在减少昂贵投入的同时增加廉价投入。首先，英国制造商将为其他行业开发的机器进行改造，从而减少了熟练工人的雇用。例如，韦奇伍德公司安装了车床来转动花瓶的圆柱形部件。其次，转印法得到发明。在中国，艺术家在每件作品上都画上图案。这是英国使用的第一种方法。它非常昂贵。在英国，转印法通过用资本代替劳动，降低了成本。在转印技术中，图案被雕刻在铜板上，然后用铜板将图案印在薄纸上。当墨水还没干的时候，人们就在一个之前上过釉的罐子上铺上一层薄纸，这样墨水会粘在上面，就把图案花样转移到了罐子上。英国印刷工约翰·萨德勒和爱尔兰雕刻家约翰·布鲁克斯在18世纪40年代分别独立发明了这一工艺。然而，转印来的墨迹容易被磨损。解决办法是在墨迹上涂上第二层釉，然后再次烧制。约翰·沃尔是一名医生，也是伍斯特瓷器公司的创始人。1757年，他发明了用蓝墨水在釉面下进行转印的技术，1784年，约翰·斯波德进一步完善了这项技术。著名的青花柳树图案是由托马斯·明顿在1780年首次雕刻的，这是一种转印法（参见图10）。

再次，尽管在英国陶器生产中，资本代替了昂贵的劳动，但从英国和中国的窑炉比较可以看出，这种替代是有区别的。

英国的窑炉是为了节约资本而建造的，但在使用能源方面是挥霍无度的。英式窑炉底部有煤火。热量上升，包裹着坩埚，
55 然后通过炉子顶部的一个孔排出。大量的能源被浪费了。英国的窑造价低廉，但热效率不高。相比之下，中国的窑炉耗费了大量资金来保存热量。它们由沿山坡上升的一系列窑室组成。下层窑室的入口处燃烧着火焰，热量被吸入其中烘烤壶器。热量

图10　饰有柳树图案的盘子

没有像英式窑炉那样从顶部的一个孔排出。相反，它被强行穿过地板上的一个洞，进入山上的下一个窑室。热量在一个又一个窑室里重复使用，所以没有浪费。当然，这种设计意味着要投入更多的资本。因此，陶窑是另一个例子，说明技术是根据资本、燃料和劳动成本进行设计的。在这种情况下，中国昂贵的燃 56
料导致了用资本替代能源，这与英国的做法形成了对比。

英国人削减成本的最后一条途径是扩大陶器工厂的生产。韦奇伍德的伊特鲁里亚工厂就是一个引领者。该工厂建立在劳动分工的基础上，但与棉纺作坊不同的是，它的目标不是使用缺乏技术的妇女和儿童代替男性工匠，而是通过技巧性工作培训来提高人们的技能。此外，如前所述，机器被用于提高许多工作中的劳动生产率，比如可以用车床完成的工作。最后一点，严格检查和质量控制已成为人们的执念。

工业革命的结束

有人认为，工业革命结束于1830年左右，但在我们看来，它又延续了一代人的时间。1830年取得的进步远未达到平衡状态。棉纺业规模巨大；纺纱完全实现了机械化；动力织机迫使手摇织机被扔进了历史的垃圾堆。铁制品的生产技术也发生了革命性的变化，一个主要为纺织工业提供机械的机器制造业已经发展起来。在这些工业部门之外也有一些进展，正如我们前面所讨论的那样，蜡烛和帽子生产中也使用了机械，但经济的大部分行业尚未被工业革命触及。

1830年到1870年间，随着现代技术在经济领域的普及，这种情况发生了变化。一个重要的指标是越来越多地使用蒸汽动力。19世纪初，大多数蒸汽机被安装在矿井里用于排水。工业以水为动力。1830年，蒸汽和水是同等重要的动力来源，各有16.5万马力。到1870年，水力动能增加到23万马力，而蒸汽动
57 能跃升到206万马力。蒸汽机使用量增加的原因是燃料效率的提高和高压发动机的发明，它比纽科门和瓦特的低压发动机更轻、更便宜。

与水轮不同，蒸汽机的一个优点是它具有潜在的机动性。所有早期的高压蒸汽实验者都试图用它给车辆提供动力，但由于道路状况不佳，结果令人不太满意。一种解决办法是把发动机放在通常用来从矿井中运煤和矿石的轨道上。1804年，理查德·特里维西克在威尔士的潘尼达伦钢铁厂建造了第一辆蒸汽机车，在轨道上牵引矿物。机车在煤矿有市场，随着工程师们尝试不同的配置并吸取经验教训，机车的设计逐渐得到改进。伟大的转折点是1829年乔治·斯蒂芬森和罗伯特·斯蒂芬森的“火箭号”机车，它在“雨山选拔赛”拔得头筹。作为奖励，他们获得了利物浦和曼彻斯特铁路的机车合同，这是第一条通用铁路，开启了一场铁路建设狂潮。到1867年，有1.2万英里的铁路投入使用。

世界各地都在铺设铁路，这促进了世界市场的一体化。

解决路况不好的另一个办法是把发动机放在船上。罗伯特·富尔顿成功建造了第一艘商用蒸汽船——“克莱蒙特号”，于1807年在哈德逊河上进行了航行。跨越大洋是更大的挑战。另一个问题是发动机的热效率，因为船需要携带航行所需的煤炭，所以发动机的效率越低，就得用更多的承载力去运煤炭，而可以带来收入的货运能力就越低。1838年，伊桑巴德·金德

姆·布鲁内尔主持的“大西方号”项目，确立了可以跨越大西洋的概念，他的作品“大不列颠号”是世界上第一艘由螺旋桨驱动的汽帆船（铁壳船）。从帆到蒸汽动力的转变是渐进的，并且取决于发动机效率的提高。 58

19世纪末，蒸汽动力终于在英国到中国这一最长的航线上取代了船帆。随着蒸汽机使用的增多，世界经济的一体化程度也在提高。

在1830年到1870年间，蒸汽动力的机器在整个经济活动中取代了很多人力和畜力劳动。19世纪50年代，由马牵引的轻便蒸汽机为农场提供动力，后来（在1859年）被牵引车取代。1865年，它配备了滚轮，因此可用于地面行驶。自19世纪20年代开始，蒸汽动力驱动的锯木机取代了两个工人和一把锯子。在混合黏土制砖和制陶的过程中，黏土拌合机取代了繁重的体力劳动。砖是用机械挤压机而不是手工成型的。在各行各业都是如此。

在1840年以前，蒸汽动力对集体劳动生产率的增长贡献甚微。最大的贡献是在1850年到1870年间，而且，恰巧与铁路的建设以及工厂和机器在英国诸多行业领域的普及同时出现。19世纪中叶，手工劳作消失了，取而代之的是生产率更高、工资更高的工厂作业。 59

第四章

英国的国情

前面一章讲的是工业革命仁慈的一面。现在我们将目光转向它的阴暗面，并思考为什么这种技术进步的崛起在这么长的时间里给这么多的人带来了如此普遍的痛苦。我们从一个宽泛的问题开始：技术革命是如何改变社会结构的？

阶级结构

我们可以用社会一览表来回答这个问题。社会一览表将社会分为不同的地位或职业群体，并明确说明了每个群体的家庭成员数量和他们的平均收入。格里高利·金在1688年为英国准备了第一张社会一览表。这张表非常有名，因而也界定了这一流派。马西在1759年对金的这张表进行了更新，科尔库恩根据1801年第一次人口普查结果对这张表进行大幅度修订，以描述英国现状（尽管我查明他这张表可追溯到1798年），后来，斯米和巴克斯特利用1841年和1861年的人口普查结果的职业数据以及所得税申报表信息对其作了进一步的修订。由于调查人员依赖不同的信息来源，采用不同的职业分类，各表之间进行比较并非易事。历史学家们用最近汇编的有关职业分布和收入等信息来修改表格，从而解决了这个问题。完全的可比性是不可能 60
的，但社会一览表的确揭示了社会进步的几个主要趋势。

方框4概述了几个主要社会一览表的情况，将各种职业和地位类型缩减为六个可以在整个工业革命时期追溯到的群体。

19世纪的表并不包括苏格兰，为了确保一致性，所有时期的表都沿用这一规范（未将苏格兰纳入统计）。这有点令人遗憾；然而，根据19世纪的数据计算，大不列颠的比例与这里显示的英格兰和威尔士数据相差无几。

“地主阶级”是上层阶级，拥有英格兰大部分土地，农业地租是他们收入的主要来源。和所有的群体一样，这个群体的内部也很多样。这个群体包括国王或王后、贵族、乡绅，还有英格兰教会的教区神职人员——这些人都依赖教会附属地的供养。土地所有者还包括由大学地产供养的为数不多的大学董事。地主阶级在人口中所占比例从未超过2%，而且这一比例大体上长期保持不变。方框4显示的数字从三万增加到五万，这可能反映了1846年和1867年将女性土地拥有者纳入了统计，而这些人在早期的统计中被遗漏了。地主阶级是这个国家最富有的群体。

方框4：工业革命期间，英国的社会结构发生了怎样的变化？

在下面的表格中，遵循从格里高利·金1688年的社会一览表到1867年达德利·巴克斯特的一览表的分法，把英国人口分成六个阶层。该表显示了每一阶层类别每年的家

庭数量（在早期社会一览表中称为“家族”）。家庭成员包
61 括仆人和许多有亲缘关系的个人。拥有这个国家大部分不动产的地主阶级人数总是很少。工人阶级一直是人数最多的，并且在工业革命期间大幅增长。然而，中产阶级的增长速度更快。随着工业的扩大，农民的数量相对于其他群体有所下降。在18世纪，靠救济度日者的数量有所增加，然后随着工业的发展以及《济贫法》变得更加严格，其数量略有下降。

	1688	1759	1798	1846	1867
第一部分：家庭数量					
地主阶级	31 626	29 070	38 704	52 986	50 695
资产阶级	60 128	84 000	95 879	363 932	436 493
中下层阶级	114 602	188 000	252 640	649 396	884 450
农民阶级	402 440	379 008	320 000	243 130	223 271
工人阶级	980 863	1 128 247	1 804 567	2 598 299	3 668 936
佃农和靠救济度日者	161 672	192 310	439 897	320 648	3 177 26
总计	1 751 331	2 000 635	2 951 687	4 228 393	5 581 571
第二部分：家庭分布率（%）					
地主阶级	1.8	1.5	1.3	1.3	0.9
资产阶级	3.4	4.2	3.2	8.6	7.8
中下层阶级	6.5	9.4	8.6	15.4	15.8
农民阶级	23.0	18.9	10.8	5.7	4.0
工人阶级	56.0	56.4	61.1	61.4	65.7
佃农和靠救济度日者	9.2	9.6	14.9	7.6	5.7

资料来源：罗伯特·C. 艾伦，“再次修订英格兰社会一览表”，牛津大学，《经济和社会史
62 工作论文》第146期，2016年。

次等富有的群体是资产阶级，包括大资本家、银行家、商人、律师、高级官员和投资者。1688年，他们的人数已经超过了地主阶级，在工业革命期间，他们的人数增长了七倍。在此期间，他们在人口中所占比例从3%增加到约8%—9%。

第三个群体是中下阶层。在18世纪，他们主要是店主和手艺人。通常，他们的业务包括生产和销售。他们是“屠夫、面包师、烛台制造师”。中下阶层还包括教师，1800年，科尔库恩认可了另一种职业——职员。随着工业革命的展开，越来越多具有专业性、指导性、管理性和其他领薪水性质的“白领”工作岗位被创造出来。从1688年到1867年，这一类别的人几乎增长了八倍。

第四个群体是农民，他们在人口中所占的比例正在下降。1688年，有近二十万块小农场为农民和自耕农持有，由他们和他们的家人进行耕种。另外二十万个是较大的农场，主要是从大庄园租来的，由雇工耕种。农场的数量在18世纪和19世纪初有所下降，原因是自耕农所拥有的土地被并入大型农场。在工业革命期间，农业是一个衰落的行业。

第五个群体规模最大，也就是工人。在18世纪，他们包括按年雇用并与雇主住在一起的仆人，按日雇用的劳工，以及许多通常按件计酬或根据任务支付报酬、被合并到独立承包商那里的手工艺者。许多工匠在自己的小屋里干活，威特尼织工就是一个例子。建筑工人、矿工和水手当然都在离家很远的地方工作。那时，农业领域的工作岗位和其他经济领域的工作岗位一样多。 63

这个“体力劳动者阶级”是英国经济中最大的群体。在工业革命期间，它增长了近四倍。大部分新增就业岗位是非农业的。工作的性质发生了重大的变化，因为在自家小屋用手工设备工作的独立手艺人被新工厂雇用的机器操作员取代了。

最贫穷的群体是那些即使有工作也只是打零工的人。在1688年，这一群体几乎占到了整个家庭数量的十分之一。金称他们为“佃农和靠救济度日者”。金估计他们的收入仅够生存之用，这意味着他们可能没有全职工作。在19世纪，穷人是那些接受贫困救济的人。贫困人口的这种比例一直保持到1759年，然后随着人口的增长而增加，妇女的就业机会随着纺纱工人的减少而减少，食品价格随着农业产量落后于人口增长而上涨。表中显示的1798年至1846年间穷人数量的下降则是《济贫法》改革的结果，改革使穷人更难获得贫困救济。因此，这种下降是虚假的。不过，一直到1867年，贫困人口比例进一步下降，可能反映了劳动力需求的上升。

我们还可以利用社会一览表来追踪这些群体的收入。可以通过所赚的钱或购买力进行计算。方框5显示了每一群体中一个挣钱养家的人的平均收入。

一个家庭里可以也确实有多个挣钱养家的人，比如，丈夫织布，妻子纺纱，儿子在作坊里干活。这些收入所蕴含的生活水平还取决于人们所消费的商品的价格。有很多方法可以衡量这些价格，我们这里采用之前定义的一个生存篮子的成本来衡量。用家庭人均收入除以篮子的成本，可调节价格变化后的收入，因
64 而可表明每个人一年可以消费多少篮子的商品（参见方框6）。

在整个工业革命期间，收入最高的群体是地主阶级。这个特权圈子的人收入跨度很大——从简·奥斯丁著作中的达西先生这样几乎位于英国社会顶尖、每年收入一万英镑的人，到柯林斯先生这样令人不快的牧师——其年收入或许是一百二十英

方框5：人们挣了多少钱？

每户人家至少有一个人挣钱，而且常常不止一个人。从这个意义上讲，“挣钱养家的人”是指那些为工资或薪水工作、做买卖、获得股息分红、投资利息、出租土地的租金或领取贫困救济的人。下表中的收入，等于这个阶层的总收入除以这个阶层中挣钱人的总数。

每个挣钱者的年平均收入（以英镑计）

	1688	1759	1798	1846	1867
地主阶级	271.49	452.78	756.49	603.93	678.57
资产阶级	175.38	145.37	525.45	441.23	466.29
中下层阶级	24.47	27.17	64.79	111.64	75.00
农民阶级	15.89	21.57	48.75	121.39	159.22
工人阶级	12.59	13.58	22.68	26.31	31.83
佃农和乞丐	3.15	3.62	3.67	5.31	7.20
平均值	19.91	23.14	40.29	57.30	65.66

资料来源：罗伯特·C.艾伦，“再次修订英格兰社会一览表”，牛津大学，《经济和社会史工作论文》第146期，2016年。

镑。到19世纪60年代，方框5可能少报了这一群体的收入，因为它假设他们只获得农业租金，因此没包含他们在城市房地产和非农业投资上的收入，而这些投资在那时正变得愈发重要。

方框6显示了实际收入在工业革命期间的变化。地主阶级总是很富裕。1688年，他们每个人可以消费30个篮子，到了1800年，他们消费可能性增加到50个篮子，此后就一直保持稳

方框6：那时的生活水平有多高？上升了吗？

生活水平是用“实际收入”来衡量的。首先，人均收入是用每个阶层每年的总收入除以包括男人、女人和儿童在内的这个阶层的总人数来计算的。该结果被称为“人均名义收入”。“名义收入”除以方框2中界定的生存篮子的成本，从而换算为“实际收入”。结果就是每个阶层中每人每年可以购买的生存篮子的数量。1688年的“实际收入”从农民和靠救济度日者的略高于1，到地主阶级的平均31。后者并没有消耗三十一倍生存篮子中的燕麦粥。有些篮子被用来雇用仆人、建筑工和工匠。其他的则被用来购买质量更好的食物和更精致的衣服。在工业革命期间，人均消费量增加了一倍多。所有的社会阶层都获得了好处，尽管数量多少不一。在19世纪上半叶，工人们的平均收入并没有增加，但他们的实际收入在1846年之后却大幅上升。

人均实际年收入（最低生活收入的倍数）

	1688	1759	1798	1846	1867
地主阶级	30.92	45.42	53.57	49.97	50.98
资产阶级	20.58	14.74	37.16	32.43	51.39
中下层阶级	5.26	5.19	8.40	12.74	7.25
农民阶级	3.80	4.50	6.89	10.91	11.96
工人阶级	3.27	3.27	4.39	4.37	6.21
佃农和靠救济度日者	1.02	1.02	1.17	1.98	2.43
平均值	4.90	5.16	7.77	9.43	11.07

资料来源：罗伯特·C.艾伦，“再次修订英格兰社会一览表”，牛津大学，《经济和社会史工作论文》第146期，2016年。

定。事实上，没有人消耗掉方框6所列的50个篮子燕麦片。他们将食物消费升级为更昂贵的卡路里来源，如鹌鹑肉和波尔图葡萄酒，并雇用建筑工人、仆人和珠宝制造商，这些人实际上是在为他们吃篮子内的食物（或升级版本）。

在整个工业革命期间，地主阶级的消费水平很高，但随着农业相对于工业的衰落，他们的相对地位慢慢受到侵蚀。1688年，地主阶级的农业地租占国民收入的16%。到了1867年，他们的租金收入占比降至5%。

资产阶级是第二富有的群体。他们紧随地主阶级之后。和地主阶级一样，他们最高的名义收入是在1798年实现的，但他们在后来几年没有受到影响，因为货币收入的下降主要被更低的物价抵消了。理查德·阿克莱特爵士是一名企业家，也是水力织机的发明者，他每年的收入约为两万英镑（根据他去世时的财富来判断），而他的儿子将这一收入提高到了大约四万英镑（参见图11）。他被认为是王国最富有的平民。就消费可能性而言，资产阶级在1688年每人只有20个篮子，但在1867年甚至胜过了地主阶级，略微超过了他们（资产阶级有51.39个篮子，地主阶级有50.98个篮子）。

中下阶层和农民的收入介于两个上层阶级和工人之间。在18世纪，中下阶层的平均收入至少是普通工人的两倍。1688年， 67
农民的收入只比工人多四分之一。农民和自耕农的收入较低，降低了群体平均收入。随着小农的消失，这个群体的平均收入在1798年上升到了工人的两倍。在19世纪上半叶，当地主阶级和资本家的名义收入下降时，中下阶层和农民的收入激增。1846年以后，农民在“高水平农业”时代继续前进，而店主和职员的收入

(a)
(b)
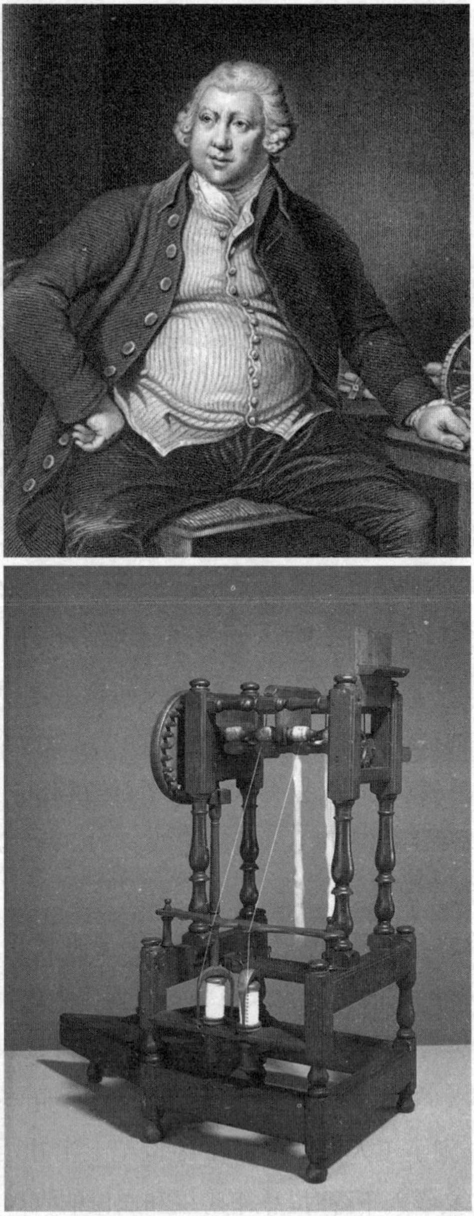

68 图11 理查德·阿克莱特和他的水力纺纱机

却下降了。然而，他们的消费标准总体上是宽裕的。工业革命期间，农民的收入从4个篮子增加到近12个篮子，翻了三倍。1688年，店主和职员开始时只有5个篮子，1846年达到12个，1867年又下降到7个。这几乎都没超过一个熟练手艺人的收入。

在工业革命期间，穷人的收入逐渐增加。1688年到1798年间，他们的名义收入和生活水平几乎都没有增长。在18世纪，穷人平均每年只能获得一个生存篮子。然而，在19世纪，穷人获得了更多收入，到了1867年，每个穷人得到的收入几乎相当于两个半生存篮子。令人吃惊的是，1688年到1867年间，穷人的平均实际消费增长了2.38倍，这几乎完全等于英国人口在同一时期平均消费增长的2.26倍。

工人阶级的生活水平

工人阶级被放在了最后，因为“在工业革命期间，工人阶级的生活水平是上升、下降还是保持不变”这个问题，是这一时期最具争议的一个问题。每个人都认为实际工资在1850年之后上涨了，然而，1800年到1850年间发生的事情是极具争议的，更早的时候发生的事情则是一个谜。 69

这些社会一览表为这些谜题提供了答案。方框5显示，18世纪上半叶，每个工人的平均收入增长缓慢，之后增速加快，一直到1798年。这一时期，英国的工资水平出现了相当大的趋同，相比伦敦和南部，北部的工资通常较低，现在北部的工资水平提升到了前两地的高度。然而，在1800年至1846年间，这种趋势发生了变化，每个工人的收入增长甚微。19世纪40年代对整个欧洲的工人来说都是艰难的时期，英国工人也没有逃脱这一趋势。然而，1846年之后，他们的财富发生了变化，收入增加了五分之一，直至1867年。

如方框6所示，当工资根据生活费用的变化进行调整并按人均计算时，这些模式就会得到加强。这个方框突出显示了家庭成员的平均消费能力。值得注意的一点是，以国际标准衡量，英国工人十分富裕：许多欧洲人和亚洲人幸运的话会获得一个生存篮子，而英国工人阶级家庭成员平均每年都能获得三个以上的生存篮子。与上层阶级一样，英国工人也没有消费方框6所示的三篮子燕麦片，不过相反地，他们的消费升级到食用培根、啤酒和白面包。

虽然英国工人在工业革命开始时享有很高的生活水平，但过了很长时间，他们才意识到实质性的收益。在1688年到1759年间，人均消费量没有变化，但随后从3.27篮子上升到1798年的4.39篮子。19世纪上半叶又出现了停滞，工人阶级人均消费下滑了0.5%，而（国民）总体消费却增长了21%，农民和中下层阶级的收入上涨超过50%。1688年，工人阶级的平均消费是全国平均消费水平的67%。1759年，这一比例降至63%，1798年降至
70 56%，1846年降至46%的最低点。1846年至1867年间，工人阶级（的收入）开始迎头赶上，人均消费从4.37个篮子跃升至6.21个篮子，增长了42%。在此期间，工人阶级购买力的增长也远高于17%的全国平均水平。1867年，工人阶级的消费反弹至全国平均水平的56%。

工人阶级内部的不平等

如果我们对这个问题的讨论到此为止的话，我们对工人阶

级生活水平的看法既不乐观也不悲观：在19世纪上半叶，普通工人家庭的人均消费既没有明显上升，也没有明显下降；然而，工人阶级平均消费水平落后于其他收入迅速增长的富裕群体。这一结论尽管看上去谨慎，但仍过于乐观，因为它忽视了这一时期的一个关键特点：工人之间的工资不平等现象严重加剧。那些在不断扩张的现代行业部门工作的人往往发展得很好，而在手工业部门工作的人则发展得很差。后者经历了极度贫困。这种发展结果被平均水平遮掩了。实际上，平均的意义就是要抵消高值和低值。

我们可以看到兰开夏郡劳动力市场的不平等在加剧。图12描绘了从1770年到1850年建筑工人、农场工人和手摇织机工人的实际收入。

起初，这些群体之间的收入差距很小。所有行业的收入都

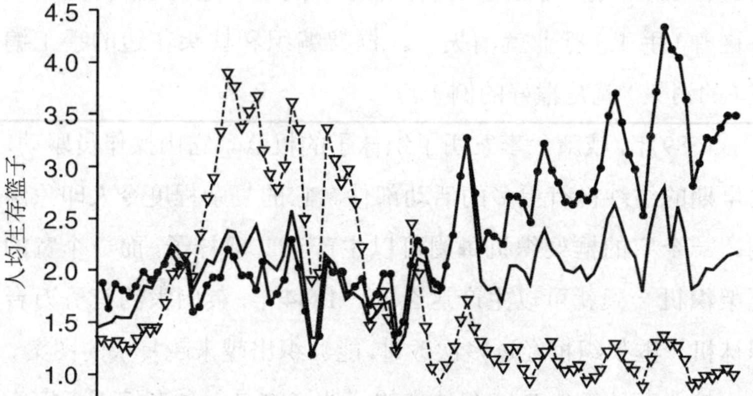

图12　兰开夏郡的实际工资

略低于两个篮子，收入最高的建筑工人，只比收入最低的手摇织机工人多40%左右。手摇织机工人在19世纪的前二十五年享受了短暂的黄金时代，当时他们的收入飙升至几乎四个篮子，但到1840年，他们的收入暴跌至仅能维持生存的水平。当时，建筑工人的收入是手摇织机工人的三倍。农场工人处于中间位置，并在这一期间实现了实际工资的小幅增长。明显的赢家是建筑工人，他们的实际收入在1850年翻了一番，农场工人是失败者，而手摇织机工人则是大输家。

1820年，手摇织机工人占男性劳动力的10%，因此他们的命运本身就具有相当大的影响。但他们并无什么与众不同之处。我们一次又一次地看到同样的故事：发明机器是为了完成以前熟练工匠用手完成的工作。即使在日益高效的机器带来的竞争压力下他们的收入下降了，拥有这些技能的人仍继续从事着他们的行业（毕竟，这是他们仅能做到的事）。他们陷入贫困，最终这种（手工）行业就消失了。框架编织和枕头花边的手工编织（的消失）就是很好的例子。

72 1589年，威廉·李发明了织袜子的机器。它由操作员驱动，比早期的纺纱机有更多的活动部件。它的复杂程度令人印象深刻。一个窄的框架织机每周可以生产十二双袜子，而一个宽的框架织机一天就可以生产这么多。1844年，英国大约有五万台织袜机。框架织机经过多次改进，能够织出越来越复杂的图案。

枕头花边编织是一个独立的行业。这是一种在编织者家中进行的家庭产业，养活了成千上万的妇女。

这两个行业原本是截然不同的，但随着发明者设法改进长袜框架织机，使其可以编织花边，它们的命运就开始纠缠在一起。这是一个很困难的问题，直到1809年才由约翰·希思科特解决。起初，机器编织的花边很粗糙，但随着时间的推移，制作工艺得到了改进，从而能以越来越低的成本编织出质量更好的花边。19世纪初，坐在家中垫子上的妇女们每分钟能够织出平网花边织物的五个网眼，每平方码的花边价格是一百先令。而在19世纪50年代，蒸汽动力机器每分钟可以编织四万个网眼，花边的价格跌至每平方码六便士（十进制前的英国货币）。面对这种竞争，枕头花边编织工的收入大幅下降，最终，即使是工钱最少的贫穷妇女织工也无法与机器竞争。到了1860年，90%的花边织机都是蒸汽动力驱动的。这些机器由男人们操作，他们已经成立了工会，挣了高薪。在自家农舍里做花边的妇女就这样消失了。

织长袜的男人们，命运也很不幸。学会操作织机并不难，因此那些被迫放弃手工织机等其他工作岗位的人就拥进了织袜业，压低了那里的工资收入。到了19世纪40年代，贫困成了一种地方流行病。当蒸汽工厂取代了旧的针织机后，情况才有所改善。马克·伊萨姆巴德·布鲁内尔在1816年申请了蒸汽动力针织机的专利，但并不成功。圆形纬编机在19世纪30年代被开发出来，马修·汤申德在1847年发明了舌针后开始商业化（应用）。威廉·科顿的第一个专利是在1846年申请的，在接下来的二十五年中，他又获得了六个专利。1853年，他开了一家工厂，出售针织物和针织机器。蒸汽动力工厂激增。生产率比手工劳动高得多，工资也提高了。

现代劳资双方的集体谈判也是在19世纪60年代发展起来的。

随着一项又一项活动的机械化，手工业工人的收入下降，要么是因为他们自己的行业实现了机械化，要么是因为其他行业机械化之后，其他行业的工人被迫进入了他们的行业。手工业工人的收入整体下降。直到手工业全被工厂取代后，工人阶级的平均工资才得到提高。

教　育

收入只是生活水平的一个指标。教育则是另一个指标。在工业革命前夕，英格兰在读写能力方面是领先者，我们在第二章已作介绍。男孩们通常要在乡村学校里待上两三年，学习阅读、写作和算术，然后再做六年的学徒。这种教育和培训体系是广泛出现机械发明的原因所在，而发明又是工业革命的基础。正如手工业工人的平均收入在工业革命早期保持不变那样，他们的平均受教育程度也没有变化：识字者的比例依然保持在50%左右。

问题在于教育与制造商的需求产生了冲突，后者需要雇用男
74 孩和女孩干活。1830年前后，棉纺工业雇用了大约8.5万名儿童。

许多儿童是“接头工”，他们把断开的线接起来，这是一项不可缺少的基础工作。制造商可以投票，而工人不能；因此国家认为接线头工作比学校教育更重要，于是国家资助的普及教育就被推迟了。此外，英国国教担心普及教育会促进反宗教思想；他们声称提供教育的权利，但几乎没有做什么。1850年和1851年的美国和英国人口普查发现，两国的大多数年轻人都在上学。然而，美国学生都在全日制学校，而一半的英国学生只在周日上学，这是他们唯一的休息日。威特尼的毛毯制造商爱德华·厄尔利先生说“他每个星期天督导四百到五百个孩子的教

育，且有超过一千个孩子每周日在学校学习阅读，周六晚上学习写作”——这是在作坊里工作整整一天之后啊！

英国的教育政策限制了英国工人的智力发展，不仅损害了英国工人，还为未来的经济发展埋下了隐患。19世纪末的新技术需要受过教育的劳动力，英国落后于德国和美国，这两个国家都有更大规模的、国家资助的教育体系。对受过教育的劳动力的需求不断增长，但直到1884—1885年通过的《第三次改革法案》——将男性的选举权比例从31%提高到63%——才克服了雇主的阻力，让教育成为比接线头更重要的事情。

卫生健康

几乎没有证据表明，英国的平均卫生健康状况在工业革命期间得到了改善。然而，有相当多的证据表明，就像收入情况一样，卫生健康方面的不平等日益加剧。

健康的最基本指标是生存，这是由出生时的预期寿命来衡
量的。自1541年以来，每年都有预估数，它们呈现出一个没有趋 75
势的模式，一直到1850年左右都在35岁至40岁之间波动。这样的数据不应该被解读为很少有人能活过40岁。相反，很多人活得时间更长久，但平均寿命很低，因为大约四分之一的人口在5岁之前就死亡了。（如果一半的人在1岁时就死了，另一半活到80岁，那么平均寿命就是40岁。）自1850年以来，富裕国家的预期寿命一直稳步上升，达到今天的80岁以上。然而，这些成就是在工业革命之后才取得的。

并非每个群体的经历都是一样的。由贵族阶级编制的家谱可以重新构建他们的出生率和死亡率，因而它们提供了一个重

要的对比。在1540年至1740年间，贵族的平均寿命和全国平均水平区别不大——因为这一时期贵族在食物和住房上的消费都高于平均消费水平，没有额外的钱用于传染病预防；但在1740年之后，他们的预期寿命稳步增长，在1867年左右达到了60岁。他们为何拥有如此长寿命的原因尚不清楚。

其他群体就没那么幸运了。城市人口的寿命尤其糟糕。19世纪上半叶，城镇居民的平均寿命在30岁到33岁之间，而农村居民的平均寿命要多十岁。这种差异可追溯到工业革命之前。城市一直是死亡陷阱，因为人类和工业废物进入粪坑和排水沟，而（饮用）水取自水井、小溪和河流。水井被粪池污染，水传播疾病在人群中循环，导致许多人死亡。由于到处都在燃烧煤炭，空气质量很差，加剧了呼吸道疾病。此外，拥挤的环境助长了包括肺结核在内的空气传播疾病的蔓延。

这些问题直到供水和污水处理系统建成后才得以解决，而这些系统直到19世纪末才建成。

工业革命期间，居住在城市的人口越来越多，而这本身就推高了总体死亡率。居住在乡间别墅里的贵族，以及购买乡间不动产的银行家、律师和工厂主，都逃过了这些疾病。

住在城市里的工人无法逃脱，他们的孩子死了，这是他们付出的代价。

在城市化推动死亡率上升的情况下，为什么平均预期寿命在工业革命期间保持不变呢？部分原因可能是19世纪上半叶中下阶层实现了收入增长。他们是一个庞大且迅速扩大，同时也居住在城市里的群体。他们的收入比工人高，而且从1798年到1846年增长非常迅速。更多的钱可以让他们买更好的食物，租住更好的房子，这些优势可能帮助了他们抵抗传染病。在这种情况下，收入的差异就转化为生与死的差别。

对身高的研究让我们可以用不同的证据来研究健康问题。在第二章中，我们就发现18世纪末的英国工人身高是欧洲最高的。然而，在工业革命期间，英国工人的身高优势并没有保持住：英国工人的平均身高在19世纪上半叶有所下降。总体上，工人的情况确实如此，尤其是大城市的工人。这一发现与可能发生的死亡率上升是一致的。身高证据支持了一种对工业革命的悲观解释。

我们对中产阶级的身高了解较少。有一件事是肯定的，他 77
们比下层阶级的人要高些。19世纪70年代，英国科学促进会启动了一项对英国人的身高和体重的研究。研究人员收集了大量数据，发现男女老少都存在类似的模式。例如，25岁到30岁地主阶级和专业人士阶层的男性平均身高为69英寸。职员和店主的平均身高为68英寸，而农场劳工的平均身高则降为67.5英寸；接着是城市工匠，他们的平均身高为66.5英寸。城市工厂里工人的身高最低，为65.5英寸。

上层阶级的体重也更重些。22岁的男性也有相同的级数，从上层阶级的152.8磅，到城市中下阶层的145.5磅，再到城市工匠们的138.6磅。（农场劳工的体重明显违背了这个趋势，为150.6磅。）中产阶级的身高是如何随着时间的推移而变化目前尚不清楚。

“持续不断的创造性破坏风暴”

在工业革命期间，农民和土地所有者在国民收入中所占的份额下降了，这并不奇怪；但为什么工人落后于资本家呢？为什么有些工人比其他人做得好得多？在这些问题上有四种观点。

第一种观点认为这全是运气不好——大自然和拿破仑的缘故。从法国大革命到滑铁卢，英法战争中断了英国和欧洲大陆之间的贸易。英国的歉收推高了英国的粮食价格（参见第五章图14的峰值），由于战争，粮食的进口无法抵消粮价的上涨。高企的食品价格抵消了实际工资的增长，于是造成了穷困。英国社会不存在根本性错误：这些问题都是运气不好造成的。

这种解释存在一个不通之处，即在滑铁卢战役之后，贫困
78 现象仍持续了很长时间。第二种观点解决了这个问题。这种观点将贫困归因于英国宪法的非民主性质。议会由绅士和贵族控制，他们利用这种权力来推进自己的利益。例如，1815年通过的《谷物法》旨在阻止进口廉价的欧洲谷物。在英国，人为造成的食品价格居高不下，是以损害工人利益为代价的。即使1832年的《改革法案》增加了商业利益在议会中的代表权，它仍然代表着富人，并颁布了像1834年《济贫法修正案》这样的立法——该法案减少了对穷人收入的支持，损害了工人的利益。在这种观点下，正是不民主的政治导致了工业革命中日益加剧的不平等。

尽管反对工人的立法可能在压制工人的生活水平方面发挥了一定作用，但当时的主要社会科学家则强调更基本的社会特征。马尔萨斯的人口理论是解释收入分配趋势的第三种方法。马尔萨斯是上层阶级的宠儿，因为他将日益扩大的不平等归咎于工人的生育习惯，而不是失败的经济和政治制度——这可能要求对它们进行改革或取而代之。马尔萨斯认为，如果收入超过生存所需，就像英国那样，那么出生率就会上升，死亡率就会

下降，这会导致人口爆炸，迫使工资回到生存所需水平。贫困救济不是解决问题的办法，因为给穷人额外的钱只会推高人口增长，最终导致工资下降，直到工资加上贫困救济金等值于勉强糊口水平为止。无论经济增长有多高，实际工资从长远来看永远都不会上升，所有增长的收益都将归于拥有土地的人。

马尔萨斯人口学的影响非常大。著名的哲学家和经济学家 79
约翰·斯图亚特·穆勒在青年时代学习了马尔萨斯的观点，这促使他直接采取了行动：1824年，18岁的穆勒因向伦敦穷人分发节育文献而被捕。

尽管马尔萨斯在19世纪被无数次引用为反对社会改革的论据，但历史记录并不支持他的理论。尽管在他之前的几个世纪里，有证据支持他的观点，但过去两个世纪的人口历史表明，人口统计学比他想象的要复杂得多。自1850年以来，关于人口最普遍的归纳是，收入的增长伴随着出生率的下降——这与马尔萨斯的预测正好相反。因此，他的理论并不是解释工业革命时期收入分配的坚实基础。

第四种观点就是卡尔·马克思的观点，他提出了另一种理论——该理论也预测，尽管经济增长，工资仍将保持在维持生计的水平。马尔萨斯研究的是劳动力供给，而马克思则专注于劳动力需求。马克思认为，技术变革会不断地使人们失业。“失业后备军”对工作的竞争将使工资维持在勉强糊口的水平。市场经济的竞争压力意味着，每个资本家都必须进行创新，否则就会在竞争对手提高生产率时被赶出局。这带来了双重结果：（1）持续的创新提高了每个工人的产出；（2）实际工资停滞不前，所有的收益都归资本家和土地拥有者所有。这些结论使马克思相信，资本主义最终将被社会主义取代，社会主义最终会让工人从经济发展中获益。

马克思在许多方面都是不准确的，尤其是他的预言。不过，他的著作也包含了有价值的见解。一些与技术有关的理论由奥裔美国经济学家约瑟夫·熊彼特在其著名的“创造性破坏”理
80 论中得到了发展。熊彼特强调，资本主义释放出来的重要竞争，不是同一行业类似公司因为生产相同产品而存在的竞争；相反地，这种竞争来自引入全新的生产工艺和生产模式。

> 使资本主义引擎启动并运转的基本动力来自新的消费品、新的生产或运输方法、新的市场、资本主义企业创造的新的工业组织形式……国内外新市场的开拓，以及从工艺作坊和工厂到“美国钢铁”这样的企业组织发展，都说明了工业突变的过程相同……不断从内部改革经济结构，不断摧毁旧的，不断创造新的。这种“创造性破坏”的过程是资本主义的基本事实。

工业革命说明了这种动态。在工业革命之前，农舍式生产方式得到了扩展。正如我们前面介绍的那样，第一个被革新的活动是纺纱。一旦家庭手工业足够大，工资足够高，就会出现发明工厂生产模式的动机。

这种新的生产方法消灭了农舍生产模式，因为它扩展壮大并取代了农舍模式。“进步伴随着……在新商品或生产方法与之竞争的阶层中资本价值的毁灭”。“资本价值的毁灭”不仅意味着过时的纺车被扔到谷仓后面，而且还意味着拥有操作技能的

妇女再也无法谋生。面对机器的竞争，他们的收入锐减。我们在第二章科茨沃尔德村庄向威特尼提供编织毛毯纱线的例子中就看到了这一点。这是英国当时的一个普遍性问题：纺纱工是 81
大规模技术性失业的第一个例子。这些收入的损失在18世纪晚期加剧了贫困，因为许多家庭再也买不起“体面篮子”，不得不将就着吃燕麦和土豆，而不是面包和牛肉。

动力织机的情况再次让人有了似曾相识的感觉。新棉纺厂提供的廉价纱线导致了手摇织机的扩张——把纱线变成布料。随着纺织行业的扩张，织布工人的收入也在上升，这促使发明家试图通过制造动力织机来节省当前昂贵的劳动力。他们一旦成功了，手摇纺织机的织工就完蛋了。动力织机在19世纪30年代和40年代得到了改进，无情地压低了布料的价格。用机器织一码的布要比用手摇织机少用几个小时；并且通过雇用妇女代替男人们在他们的农舍里织布，进一步降低了成本。手摇织机的织工收入相应地下降了，因为他们按照所织布匹的码数获得报酬，但他们的生产率没有提高。在二十五万名手摇织机工人中，贫困加剧，他们逐渐被迫从事其他工作——他们的竞争给工资带来了下行压力。贫穷又一次与进步同时发生。

在所有的手工业中，技术都沿着同样的路线发展，由于同样的原因，并产生同样的结果。工业革命发生在英国的一个重要原因是，它在17世纪和18世纪初期发展了一个非常大的手工业制造部门。这造成了高工资经济——它又总体上推动了工厂（生产组织方式）和节省劳动力的机器的发明。生活标准得到了提高，但工人阶级的生活水平却长期滞后，那是因为手工业部门的规模太大了。很显然，当某一特定行业实现机械化时，该行业 82

的工资收入就会下降，这种下降本身就会拉低工人的平均工资。除此之外，失业的工人在其他地方寻找工作，而他们的竞争则降低了整个经济领域的工资水平。传统制造业直到19世纪中叶才进行清算，直到那时，工资才开始普遍上涨。熊彼特分析的优点之一是，它把工业革命的两个方面结合了起来：进步是“创造
83 性”的结果；贫穷则是“破坏性”的后果。

第五章

改革与民主

工业革命造成了社会紧张，带来了许多实际问题——这些问题塑造了这一时期的政治，并影响了大量的社会和文化生活。大多数评论家都是根据亚当·斯密经济学中的三阶级模型来分析社会的。每一种价格“都会立即或最终分解为相同的三个部分：租金、劳动和利润”。因此，

> 每一个国家的全部劳动年产值，从复杂的角度看，必须分解为相同的三个部分，并在该国不同的居民之间进行分配，或作为他们的劳动工资，或作为他们的股份红利，或作为他们的土地租金。

将社会分为三个阶级是一种有用的简化，但应该记住的是，所有这些群体的信仰和行动都存在异质性；而且事实上，他们的特征在工业革命的过程中不断演变。这种演变是如何发生的、何时发生的，这是重要的历史问题。无论如何，足够多的地主、

商人和雇员意识到他们是一个群体的成员，他们有着与其他群
体利益相反的共同经济利益，这就使得三阶级模型为工业革命
84 的政治提供了深刻的见解。

1789年之前

现代制造工业在法国大革命之前就已经开始了，但它对整个经济的影响甚微。1790年，当时主要的大工厂——棉纺厂的就业人数只有八万人，占就业人口的比例不到2%。更多的工人经营自己的家庭手工业，如枕头花边编织工、织布工等。农业仍占GDP的三分之一。尽管英国在很大程度上看起来处于前工业化，但也开始出现了不利的发展——棉纺厂让大多数女性失业，她们原本是手工纺纱工，随之而来的是农村贫困加剧。此外，棉纺厂雇用的童工数量之多令人不安，这在19世纪引发了工厂监管的问题。

18世纪的经济生活是按照中世纪和伊丽莎白时代遗留下来的法律框架进行的。1266—1267年颁布的《面包和麦芽酒定价法案》等法令对食品销售进行了规范，以防止价格欺诈和投机行为，并授权地方治安法官确定价格。1562年的《技工法》授权地方治安法官确定大多数行业的工资标准。1601年的《济贫法》要求各教区教徒资助他们教区的穷人。

“我们的宪法原则是财产的体现，尽管理论上不完善，但在实践中行之有效。”在18世纪，士绅、贵族和神职人员收取的农业地租约占国民收入的六分之一，这一群体的平均收入高于资本家和工人。权力和权威的分配依据财产的分配而定。在地方一级，治安官管理着村庄，期望得到敬重。在全国层面，议会代

表土地所有者。上议院是一个主要由大地主组成的世袭议院。85
他们还控制了下议院，那里的大部分选区都是农村地区，而许多选区都是“堕落的选区”，只有少数选民，而他们的议员实际上是由拥有村庄的地主任命的。在17世纪的内战和1688年的“光荣革命”之后，议会是最高的政府机构。

地主阶级行使权力的方式存在矛盾。一方面，他们认为自己的统治是为了整个国家——每个人在议会中都有“实际上的代表”，尽管他们不能选择议员——并对穷人的福祉负有家长式的责任。另一方面，他们无法容忍王室干涉他们的事务，并利用他们的议会权力来促进自己的利益。对面包的定价、对工资的评估，以及对穷人提供救济，都对他们的利益有害，于是在工业革命期间，它们被忽视、遭到否定或稀释淡化。土地所有者也通过私人立法来巩固他们的利益，授权圈地，修建收费公路（更好的但要收费的道路）和运河，所有这些改变都提高了土地的价值。这些倡议也有利于制造业和商业利益，同样，国家在保护财产方面的积极努力也有利于制造业和商业利益，其中包括制造业在受到暴民威胁时所采取的各种法令措施。

政府的大部分开支都花在陆军和皇家海军上，这些开支被用来扩张大英帝国，推进英国在海外的商业利益。《航海法案》意味着，大英帝国的贸易和帝国所提供的市场是保留给英国商人和制造商的。虽然资本家在议会中没有很好的代表权，但他 86
们所奉行的政策大体上符合他们的利益，因此几乎没有什么可以让资本家和土地所有者产生利益冲突的想法。

然而，劳动者与地主和企业家之间存在利益冲突。这些争议是局部的、零星的，而不是全国性的群众运动。冲突往往集中在变革（由土地所有者和商人支持）与传统的保留（由工人和小农支持）之间。民众的不满表现为地方骚乱，而不是罢工或大规模政治运动——但在工人成为城市里的工厂雇员之后，罢工或大规模政治活动就成了他们的工具。

对开阔地的圈占是一个很大的争议来源。在18世纪和19世纪初，大约五分之一的英国土地通过议会法案被圈了起来。圈地是由大地主推动的，他们希望提高佃户的租金。在征求当地意见时，“选票不是数出来的，而是要根据重要性进行权衡”，因为投票是根据每个人拥有的土地面积来计算的。议会程序允许大地主无视小地主的反对。圈地常常取消了让许多农户受益的放牧权。

虽然他们因丧失法律规定的权利而获得补偿（议会热心地捍卫大、小地主的合法权利），但许多传统行业却在没有补偿的情况下消亡了。总而言之，许多人因为圈地而成为失败者。他们反对地方长官，有时还会发起骚乱，但没有引发全国上下协调一致的反对活动——这样的活动会表明其共同利益得到广泛认可。

87 粮食短缺和价格高企时期，粮食引发的骚乱也很常见。这些骚乱反映了18世纪的特殊情形——（参与骚乱的）大多数人都是工人或工匠，因此他们要购买食物，他们受到高价格的伤害，而不是像耕作者那样从中获益。在控制投机、加价和囤积方面，国家监管有着悠久的传统。在粮食短缺时期，村民们采取直接行动，这通常得到了家长式的当地法官和治安官的默认支持，找到农场主和经销商储存的粮食，并迫使其以正常价格在当地市场上出售。“民众的道义经济学”与传统的家长制统治是一致的。1766年，威特尼织工威胁说，如果农民不降低玉米价格，他们就要发动起义，于是玉米价格就降低了。

破坏机器是支持传统行业的另一种直接行动方式。例如，框架织机织工对技术变革持矛盾态度。当发明可以让编织者生产出像螺纹长筒袜这样价值更高的产品时，它们受到了欢迎；但当它们威胁到就业时，它们就遭到了抵制。破坏机器也可能有其他目的，并被描述为“通过暴乱进行集体议价”。诺丁汉一波破坏机器的浪潮导致了1788年《袜子框架织机保护法案》的出台，该法案规定，破坏机器的人会被惩罚，流放到澳大利亚去。从1811年到1816年，破坏机器的行为在英格兰北部反复发生。勒德分子（以在1779年毁坏机器的内德·勒德命名）在诺丁汉毁坏机器。在对上议院的首次演讲中，拜伦勋爵解释说，对机械的攻击是（工人）对技术变革的反应：

> 因此，这些机器对他们（所有者）是有利的，因为有了机器就没必要雇用工人了，结果工人们只能挨饿。采用一个特别的框架织机，一个人完成了许多人的工作，于是过剩的工人就失业了。

拜伦的干预并没有阻止1812年《袜子框架织机破坏法案》的通过，该法案把量刑力度提高到了死刑。破坏机器活动蔓延 88
到西里丁和兰开夏郡的手工织机的织工，毫无疑问，他们所破坏的动力织机威胁到了他们。当机械化威胁到就业时，破坏机器行为再次出现。在1830年英格兰东部的“斯温上尉骚乱”中，农场工人毁坏了会代替他们农业工作岗位的脱粒机。勒德分子通常被认为是非理性反对进步的人；不过，即使从长远来看，手工工人也不会从动力织机的发明中受益，所以他们破坏动力织机的企图是有道理的。

法国大革命和拿破仑战争

当工业革命无情地破坏旧社会时，法国大革命却使舆论两极分化，并造成了各种立场明确的新挑战。法国君主政体很快就被推翻，取而代之的是一个民主共和国。国王和成千上万的贵族被斩首。封建制度被废除。一种新宗教得以确立。那时的重大问题是：英国会重蹈覆辙吗？

法国大革命在英国有很多支持者，他们相信民主会让世界更美好。起初，支持者中有很多富裕之人，但随着革命变得残忍血腥，他们的热情逐渐消退。

革命引发了支持者和批评者之间通过宣传册展开的论战。托马斯·潘恩的《人的权利》是阅读最广泛的、支持革命的小册子。它的论点不是此前未有的，但陈述得很有说服力。它对工人阶级观点的形成做出了巨大的贡献，但它还远远不是最终成品。在政治层面上，潘恩赞同这样一种观点，即人们拥有生命权和自由权等基本自然权利，并且他们始终保留有权利去推翻一个不尊重这些权利的政府。巴黎关押政治犯的巴士底狱象征着
89 法国君主专制——这就使得大革命是合法的。

在经济层面上，潘恩同样反对贵族。他认为土地是自然的产物，应该属于每个人，而不是一小部分人。在18世纪，土地所有权被认为是独立的基础。然而，潘恩并不主张分割大地产，相反，他建议对地租征收累进税，为养老金和社会服务筹集资金。

《人的权利》可能卖出了一百万册，它在咖啡馆里得到大声

朗读，更多的人听到了他的观点。普世权利、民主和地租的社会化，吸引了许多工人阶级和中产阶级的读者。它是对一个由于农业而非工业造成不平等的世界所做出的反应，因而对纺织工人和框架织机工人的吸引力不亚于工厂工人。个体手艺人倾向于共和党的观点，该观点贬低雇员为工资奴隶（他们必须按照老板的指示去做），并将个体手艺人理想化为真正自由的人：后者可以选择休息一天来庆祝“圣星期一”，而前者则不能。19世纪初，当威特尼织工从独立工匠转变为工厂雇员时，最大的雇主约翰·厄尔利就注意到，他们“不喜欢受到时间限制”。一位名叫理查德·奥斯本的织布工补充说：“有些人会在周一快中午的时候晃晃悠悠地来上班，有些人会在周二上班，还有一些人周六下午晚些时候就不上班了。”溜号旷工的工人被停职以示惩罚。对这些工人来说，理想的社会就是一个人人平等的民主社会，由独立的工匠在自由市场中经营自己的生意。

这些观点获得了广泛的支持。成立于1792年的伦敦通信协会迫切要求民主，接着各地的同行们也加入了该协会。上层阶级被吓坏了。 90

> 如果潘恩先生能够唤醒下层阶级，那么他们带来的干扰很可能会以无序混乱的劳动为标志，而我们现在所拥有的一切，无论是私有财产还是公共自由，都将受制于无法无天的暴民。

潘恩被指控犯有“煽动诽谤罪”（批评国王和政府），尽管他从未被逮捕，但被定罪并判处死刑。持不同政见者遭到了广泛的搜捕镇压。从1789年到1815年，报纸的印花税从1.5便士逐步提高到4便士，以使政治讨论限制在富人们之间。不经审判的拘留开始出现，许多激进分子被指控犯有刑事罪行。1799年和1800年的《联合法案》禁止工会和集体谈判。旧秩序抵御了所有的民主挑战。

1815—1832年

1815年，拿破仑在滑铁卢战败，带来了二十年的经济和政治不稳定。接下来的五年对工人来说非常艰难。数十万的士兵和水手的复员，导致了国民收入的下降和普遍的失业。随着爱国热情的减退和贫困的增加，对议会改革的要求也随之增加。结果导致工人阶级为争取投票权而进行了五年的斗争。

人们举行了许多群众性集会，支持要求普选权的请愿。对上层阶级来说，这似乎是一场革命的开端。请愿在1819年达到了顶峰，一场支持改革的集会在曼彻斯特城外举行，吸引了多达六万人参加。曼彻斯特义勇骑兵队袭击了人群，杀死了十一名示威者，即彼得卢屠杀（参见图13）。

政府试图利用"六部法案"来镇压民众抗议，其中就包括禁止五十人以上政治集会的《煽动集会法》。民众要求民主的运
91 动被压制了十年。

工人阶级并不是唯一要求选举改革的人。中产阶级被贵族利己主义的一项重大法案——1815年的《谷物法》——激怒了。

在1789年到1815年间，英国和欧洲大陆之间的贸易经常受到战争和封锁的阻碍。小麦进口受到限制。图14显示了小麦价格的变化过程。

Down with 'em! Chop em down my brave boys: give them no quarter they want to take our Beef & Pudding from us — & remember the more you kill the less poor rates you'll have to pay so go at it Lads show your courage & your Loyalty!

图13 彼得卢屠杀

92

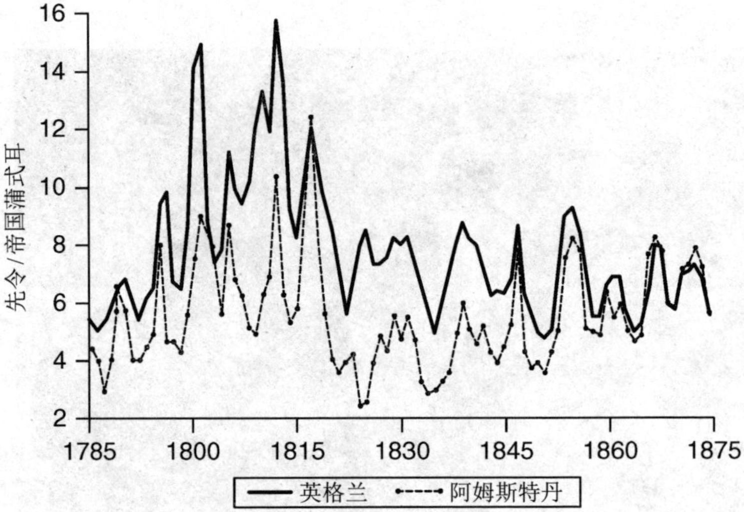

图14　1785—1875年的小麦价格

在18世纪80年代，英国的小麦价格略高于国外，但在法国战争期间，由于歉收（以尖峰显示），英国的小麦价格高于国外。正如大卫·李嘉图的地租理论所解释的那样，小麦价格高导致地租的提高，因为地租是小麦收获的价值与种植过程中产生的劳动和资本成本之间的差额。战争期间的高物价造成了普遍的贫困，不过绅士和贵族们却过得很好，因为他们的佃农为其土地
93 支付了越来越多的钱。1815年，和平的恢复预示着小麦进口的激增，这将推动英国小麦价格回落至欧洲大陆水平。结果土地租金也随之下降。为了防止这种可能情况，议会立法对进口玉米征收高额关税。1814年，弗朗西斯·普雷斯在给詹姆斯·穆勒的信中这样写道：

立法机关一定会尽其所能地来维持地租，并将不顾一

切地在下一届会议上为此目的而通过一项法案。富裕的地主们除了租金的下降外什么也看不到；而且由于他们有权力，他们肯定会不计后果地去阻止它下降。

如图14所示，这种措施发挥了效用。在此后的三十年里，英国的小麦价格一直接近欧洲自由贸易港阿姆斯特丹的两倍。地主阶级的行为并不像整个社会的"实际代表"，而是以牺牲工人和资本家利益为代价来巩固自己的地位。《谷物法》使许多中产阶级相信，他们也需要选举改革。

改革是1830年选举中的一个重要论题。它开启了两年富有戏剧性的政治波折，其顶峰是1832年通过的《改革法案》。保守派的目标是分化中产阶级改革者和工人，让那些有财产的人（在议会中）有一些代表，而那些没有财产的人就没有代表。"真正的斗争不是在辉格党和托利党、自由党和非自由党以及诸如此类的各种绅士派别之间，而是在有财产的人和无财产的人之间——在自由行动和法律之间"。五十六个"堕落的"小选区被废除了，另外三十个选区失去了两个代表中的一个。解放出来的席位分配给了以前在议会中没有代表的城市及农村地区。此外，在许多地区，投票权的财产要求降低了。结果是，选民人数从四十万人扩大到六十五万人（约占成年男性的五分之一）。 94

商业和制造业利益集团在议会中获得了比以前更大的影响力；不过，议会仍然由乡村地主主导。工人阶级仍然缺乏投票权。

1832—1846年

通过扩大中产阶级在议会中的代表权，《改革法案》改变了政治局面。约翰·斯图亚特·穆勒曾说过，“无论在什么地方出现了一个上升的阶级，这个国家的道德观很大一部分都源于该阶级的利益和阶级优越感”。中产阶级崇尚企业家、自由竞争和成就奖励。为了体现这些美德，社会机构被一个接一个地重塑。在18世纪，政府职位是通过委任制产生的。根据才能优点进行任命就会产生一个更有效率、运行成本却更加低廉的政府。一开始，这种新的理想的实现以一事一例的模式开展；但在1855年成立了公务员（文官）事务委员会，以及第一次公务员考试之后，这就成了一般性政策。

通过废除英国国教，竞争被引入宗教。尽管这一目标未能实现，但是给教会提供保障的教会税率经过多次斗争后于1868年被废除了。

时间最早、影响最深远的一项改革是1834年的《济贫法修正案》。英国的救济制度是以伊丽莎白一世时期的一系列法令为基础的。大多数救济以现金或实物形式直接发放给穷人，即所谓的“户外救济”。另一种方案是在济贫院里进行“室内救济”。1723年的《济贫院测试法案》允许教区通过建立济贫院来履行他们的救济义务。任何人都可以自主进入济贫院接受救济，但这个常常以监狱为模板的济贫院设计得毫无吸引力，只有
95 真正赤贫的人才会去。济贫院在18世纪并不常见。

《济贫法》的成本在18世纪下半叶之前一直都很稳定，然后成本开始无情地上升，随之上涨的是为其提供了资金的不动产税。其中的原因包括：人口的增长增加了劳动力的供给；圈地和农场的合并减少了劳动力需求，并让许多普通的放牧消失了；以及纺纱的机械化，让许多妇女失去了兼职工作。针对日益增

长的需求，《济贫法》执行当局通过“斯宾汉姆兰”面包量表等手段为农场劳动者提供更多资助，该量表把资助与面包（上涨的）成本挂钩。马尔萨斯因主张慷慨的贫困救济导致人口增长而闻名，而人口增长只会加剧贫困问题。到了19世纪，地主和资本家们都深信，济贫制度必须改变。

斯温骚乱中对机器的破坏突显了农村贫困所蕴含着的各种危险，并促使人们在1832年任命成立了一个“济贫法委员会”。根据它的建议就产生了1834年的《济贫法修正案》，并由此制定了所谓的《新济贫法》。它规定有劳动能力的人只能在济贫院接受救济。户外救济活动仍在继续，但规模有所减小。该法案还改变了该体系的组织方式，将教区组织成许多《济贫法》教区联盟，在当地执行《济贫法》，并成立了一个全国委员会来监督它的执行。救助穷人的成本下降了。然而，这项法律在工业领域的效果很差，因为它不是作为失业保险而设计的。

《新济贫法》因其气量狭小而遭到许多改革者的谴责，它疏远了许多工人阶级，对他们来说，旧的《济贫法》曾是在生病、年老或经济不景气时免于极度匮乏的保证。然而，《新济贫法》确实为收入规定了一个最低限度。19世纪40年代中期，爱尔兰的土豆歉收导致了饥荒，间接地表明了这一点的重要性。爱尔兰尽管是大不列颠联合王国的一部分，但它没有济贫法。如果当时有《爱尔兰济贫法》，饥荒就可以避免。 96

尽管《济贫法》改革把中产阶级和贵族团结在了一起，但这两个群体在那个时代最大的一次斗争，即废除《谷物法》中针锋相对。如图14所示，谷物关税造成了1815年至1846年间英国小麦的价格是荷兰小麦的两倍。对于乡绅和贵族来说，高小麦价格意味着高农田租金和高收入。由于普遍的观点认为工资处于维持生计水平，食品价格的上涨意味着要支付工人们更多的钱来购买跟他们以前同样多的食品。货币工资的上涨意味着制造成本的上涨，这降低了英国工业的竞争力。地主的利益是以损害资本家的利益为代价的。商业和制造业阶级坚决反对《谷物法》，而工人阶级则相对漠不关心。

《谷物法》自1815年颁布以来就饱受争议。亚当·斯密在1776年就此提出了自由贸易，大卫·李嘉图在1817年利用比较优势原则强化了这一逻辑。1820年，一份“商人请愿书”被提交到议会，要求废除《谷物法》，但被否决了。议员查尔斯·佩勒姆·维利尔斯从1837年到1845年每年都在议会上提出一项废除该法案的动议，但均告失败。1839年，“反谷物法联盟”成立，发起了反对这项法律的运动。理查德·科布登和约翰·布莱特成为它最有效的代言人。这个联盟是一个高效的宣传机器，它制作了无数的传单，筹集了大量的资金，派演讲者到全国各地，并让数百万人参与了它的活动。《经济学人》杂志就是在这一努力下创办的，其第一任主编沃尔特·白芝浩回忆说：“在世界历史上从未有过这样一个时代，激动的大众全神贯注地听着一个人谈论政治经济学。”

尽管维利尔斯、科布登和布莱特等中产阶级议员做出了各
97 种努力，但他们不可能凭一己之力废除《谷物法》。下议院的大多数议员都是地主，他们也控制着上议院。保守党首相罗伯特·皮尔多年来一直反对废除该法案，但他在1846年改变了立场，支持废除该法案——表面上是作为缓解爱尔兰饥荒的一项措施。他劝说威灵顿公爵将该提案作为维持公共秩序的必要手

段在上议院通过。为什么皮尔改变了主意，为什么地主议会支持他，这在学术界仍然是一个谜。然而，有些结果是显而易见的。第一，英国小麦价格突然与国外小麦价格一致起来（参见图14），但价格等级并没有急剧下降，直到19世纪70年代“美国谷物入侵”前，英国农业一直保持繁荣。第二，保守党分裂，皮尔的那一派加入了辉格党，而激进派则组成了自由党。第三，保守党在二十年的时间里都没有再掌权。废除《谷物法》是制造业利益集团的一大胜利。

但制造商并没有完全按照自己的方式获得改革成果。工人、地主阶级，甚至中产阶级都反对他们，因为他们对伴随着进步而来的贫困感到震惊。罗伯特·欧文是第一批尝试改革工厂制度的人之一，他自己就是新拉纳克工厂的老板。在19世纪的最初二十五年，他为童工引入了教育，并以合作商店的形式取代了工厂老板向员工出售定价过高的消费品的“实物工资制”。欧文支持限制工作时间的立法，并将新拉纳克的工作时间缩短到十个小时。到了1817年，他公开表明自己是一名社会主义者。

对许多工人来说，经济状况在19世纪的第二个二十五年里变得更加糟糕，因为手工业相继崩溃。持有各种不同政治观点的作家都对这些年来的不平等和物质主义感到震惊。在《时代的迹象》（1829）中，托马斯·卡莱尔谴责了普遍的贫困，他将其归因于机器生产对手工劳动的破坏。 98

如果要求我们用一个绰号来描述我们这个时代的特征，那么我们则倾向于称之为……“机械时代”……现在没有什么是直接做或者用手工来完成的；一切都是按照规则和精心设计进行的……有生命的工匠被赶出他的作坊，让位于一个速度更快、没有生命的东西。梭子从织布工的手指上掉下来，掉进铁的手指里，因为铁的手指能更快地工作。

结果是国民收入的一个大增长——“人们根据既定劳动量，达到了或者可能达到了吃得更好、穿得更好、租住得更好，而且住房的所有外表都更加美好，这就让每个人都有一种感恩思想”——但事实上，收益主要累积给了富人。“财富增长越来越多，与此同时也越来越多地聚集在一起，奇怪地改变了旧的关系，并拉大了贫富之间的距离。”但是，财富的增加甚至对富人来说也不是一件好事，因为随着所有的思想都按照机器的意象进行了重新配置，他们的大脑也枯萎了。

男人的手、头脑和心灵都变得机械化了。他们对个人的努力，对自然力量，对任何形式的力量都失去了信任……他们的全部努力、依恋、观点全都显露出机械系统性，具有机械性特征。

这些顾虑清楚地阐释了“英国问题存在的条件”，这是卡莱尔在1839年创造的一个术语，包括本杰明·迪斯雷利、伊丽莎白·盖斯凯尔、查尔斯·金斯利和查尔斯·狄更斯在内的许多作家都曾关注过这个问题。

不过，揭露社会问题的不仅仅是富有想象力的作家。具有
99 社会科学倾向的中产阶级改革家也做了同样的事情。中产阶级

的思考通常基于边沁的“基本公理，即最大多数人的最大幸福才是对与错的衡量标准”。这通常被用来为自由经济学辩护，因为如果两个人自愿同意交换（例如，用一天的劳动换取两先令），那么双方的满意度必然会增加——同时也会增加社会的总体幸福——否则，他们为什么会同意呢？然而，如果许多这样的交易的累积效应让极少数人富足，但又使得大多数人贫穷，那么就会出现一种情形——国家把富人的收入重新分配给穷人，只要额外增加的先令能够给穷困的妇女带来的幸福多于富人损失这些钱所丧失的幸福即可。或者，如果排入河流的家庭工业废物损害了下游饮用河水的人的健康，那么国家也有理由进行干预，提供清洁的水。

沿着这些思路进行推论，就促使改革者提倡国家要采取行动限制自由市场，并为国家创造改善社会福利的空间。通常情况下，改革需要事实论据，而在19世纪的第二个二十五年里，事实论据的收集量大幅增加。其中一些工作是由国家进行的，例如扩大了十年一次的人口普查，以跟踪国家职业结构的不断变化。1837年，国家（从教会）接管了出生和死亡的登记职责。调查各种问题的特别委员会还收集了其他事实论据。非政府组织也收集许多事实数据。成立于1833年的曼彻斯特统计学会，也许是最有名的，“旨在帮助促进制造业人口的社会进步”。各种社会报告是当时的风尚，弗里德里希·恩格斯的《1844年英国工人阶级状况》就是一个著名的例子，但它并不是唯一的例子。

工人阶级的困境为托利党创造了一个政治上的机会，而这又的确为工人们带来了一些立法上的帮助。这个问题就是工厂雇用童工问题。 100

在前工业化经济中，儿童被广泛雇用，许多与父母在一起，其余的作为学徒或家庭用人。然而，阿克莱特棉纺厂雇用了大量没有父母监管的儿童。依照《济贫法》成立的济贫法委员会，根据学徒合同把成千上万的孩子送到了工厂。国家长期以来一直都存在受监管的学徒安排；但在19世纪初，为此目的通过了一些针对棉纺厂无效的立法。

第一项重要的工作立法是1833年的《工厂法案》。它的起草人是迈克尔·托马斯·萨德勒。他是一名托利党议员，代表着一个堕落的选区，他相信地主阶级可以负责任地治理英国。他写了一本关于人口的书，对马尔萨斯的理论提出了质疑，他为了把《济贫法》推广到爱尔兰而努力斗争，但他反对议会改革。1831年，他接手成为议会一项法案的倡议者，将棉纺厂儿童的工作时间从十二小时缩短到九小时。他曾担任一个委员会的主席，该委员会撰写了一份关于工厂过度劳作和虐待儿童的报告，内容令人震惊；他还在议会发表了一场很有说服力的演讲，指出雇主和工人在劳动力市场上无法进行平等谈判，因此工人理应得到法律保护。尽管他所在的堕落选区根据《改革法案》被废除了，因而他在下一届选举中未能赢得席位，但他很有说服力的证据和立场逻辑使得该法案在1833年得以通过——这是减少工作日时间长度的第一步。接下来几十年的许多法案进一步缩短了工作日的时间长度，并扩大了立法的覆盖面。

作为重新定义保守党的一个步骤，萨德勒的贡献在政治上也具有重要意义。具有讽刺意味的是，保守党——传统的捍卫
101 者，不得不常常改造自己。18世纪的政治信条，即地主阶级是社会的自然领袖，促进他们的利益是政府的首要任务，越来越

多地不再与社会发展同步，所以必须要找到新的角度来论证贵族统治符合普遍的利益。工厂立法是保守党家长式作风的新诠释，萨德勒在英格兰北部被誉为儿童的捍卫者。“红色保守党”诞生了。

《大卫·科波菲尔》和1833年的《工厂法案》都还算好，但工人阶级不能依靠上层阶级来保护自己的利益。它需要的是投票权；因此就像中产阶级动员起来反对《谷物法》那样，工人们动员起来争取投票权。工人们参与了改革议会的运动——这就导致了1832年《改革法案》的产生。当他们被排除在选举权之外时，许多工人感到受到了背叛，而像《新济贫法》这样的改革则加深了这种背叛感。工人阶级的报刊在19世纪30年代鼓动民主。1838年，由六名国会议员和六名工人领袖组成的团体制定了《人民宪章》，它明确表达了他们的要求。一名激进分子曾这样回忆道：

> 全国各地都有（激进的）社团，但严重缺乏凝聚力。有人想要投票权，有人想要成年男子选举权……激进派没有统一的目标和方法，他们几乎没有实现任何事情的希望。但是，在制定《人民宪章》时……清晰界定了工人阶级的迫切需求，我们感到真正有了团结的纽带；因此，把我们激进的社团变成了许多地方宪章派中心。

《人民宪章》的六项要求是：（1）男性普选权；（2）无记名投票；（3）取消成为下院议员的财产资格限制；（4）为下院议员支付工资，让工人能够为之效劳；（5）选区大小规模相

102 同；（6）举行年度选举。为支持《人民宪章》，人们组织了大规模的公众集会。1839年，《人民宪章》被提交至议会，当时有一百三十万人签署了支持《人民宪章》的请愿书，但议会投票结果是不予考虑。

作为回应，“武力”宪章派转向了暴力。他们收集武器，训练队伍。1839年，宪章派在纽波特的韦斯特盖特酒店举行游行示威，希望引发一场全国性的叛乱。在与士兵的对抗中，二十多名宪章派人士被杀，许多人受伤，其余的人逃跑了（参见图15）。

若干年间都有武装冲突发生，但他们总是被打败，头目也受到了惩罚。

103 抗议活动的本质仍然是和平的。在费格斯·奥康纳和他的报纸《北极星》的领导下，举行了更多的群众集会；1842年，《人

图15　纽波特起义的详图

民宪章》再次被送到议会，这一次有三百多万人签名，但再一次遭到拒绝。尽管对五十八位最主要的领导人的起诉失败了，但数百名宪章派人士被逮捕并判了罪。

和平宪章派继续举行抗议，武力宪章派继续进行训练。一些宪章派人士参加了选举，费格斯·奥康纳在1847年当选议会议员，是唯一成功竞选议员的宪章派。1848年，几十万宪章派运动者游行到伦敦，向议会提交由数百万人再次签署的《人民宪章》。国家动员了一支庞大的军队来阻止他们，但没有发生暴力对峙。议会再次驳回了请愿书。19世纪50年代，抗议活动持续进行，但一直没有成功。

1846—1867年

在1846年至1867年间，英国的经济形势发生了根本性的变化。如图2和方框5、方框6所示，19世纪上半叶标志性特征的工资停滞结束了，工人阶级家庭的人均消费上升了42%。在这一时期，机器生产取代了整个经济中的手工作业方法。最后，高生产率工作岗位的创造速度要快于低生产率工作岗位的消失速度。这些变化支撑了工资的上涨。

在这一时期的政治活动中，中产阶级的竞争目标和成就奖励都得到了推进。例如，随着1849年《航海法》的废除，制成品的自由贸易得以实现。工人阶级的激进主义从宪章运动转向了工会组织。这些工会更关心的是谈判获得更高的工资和更好的工作条件，而不是激进的改革。1860年，伦敦贸易委员会成立；1868年，全国工会大会成立。1867年，英国皇家工会委员会批准了这些委员会的成立，因为它们对雇主和雇员都有利，丁是这些

104 委员会在1871年获得了合法地位。然而，这些工会并没有足够数量的成员，无法解释1846年到1867年间工资的普遍上涨。

1867年发生的三件事标志着工业革命的结束。首先，马克思出版了《资本论》的第一卷，他解释了为什么尽管资本主义能带来经济增长，但它永远不会带来实际工资的增长。马克思出生于1818年，他的资本主义观点是在他20岁左右的时候形成的。当时，平均实际工资是停滞无变化的，而且手工业处于危机之中。他认为这是一种常态，并提出了一种适合那个时期的解释。其次，巴克斯特估计了1867年的国民收入，他的数据显示，在过去的二十年里，实际工资大幅上升。工资在上涨，原因是旧的手工业生产方式最终被机器生产方式所摧毁。马克思如此专注于《资本论》写作，以至于他错过了这一点。最后，未曾错过变革的一个群体就是统治阶级。随着工人实际工资的提高，他们第一次在这个系统中获得了好处。他们的政治观点从革命转向了社会民主。因此，允许他们投票是安全的。迪斯雷利是皮尔之后的首位保守党首相，他在1867年将选举权的范围扩大到
105 熟练工人。工业革命结束了。

第六章

工业革命在英国之外的传播

英国的工业革命可能在1867年就结束了，但西欧和美国的工业革命才刚刚开始，而且对其他地方的人来说，工业革命则是未来的事情。图16显示了不同地区全球制造业产出的份额。

这些数据是不扎实的，特别是早期的那些数字，但伟大的工业革命十分引人注目。

1750年，最大的制造业经济体是中国和印度次大陆（今天的印度、巴基斯坦、孟加拉国）。

这些国家也是人口最多的国家，而这并非巧合。那时，大陆间的贸易中几乎不包含制成品，因此，一个地区的生产量与消费量相当。由于（地区间的）人均收入大致相似，人均制成品消费量也大致相同。因此，在人口最多的地方，制造业生产量也是最大的。由于同样的原因，英国制造业的生产量还不到世界总量的2%。

由于英国的工业革命，情况发生了巨大的变化。到1880年，英国在世界制造业中的份额达到23%的峰值。相比之下，印度 106

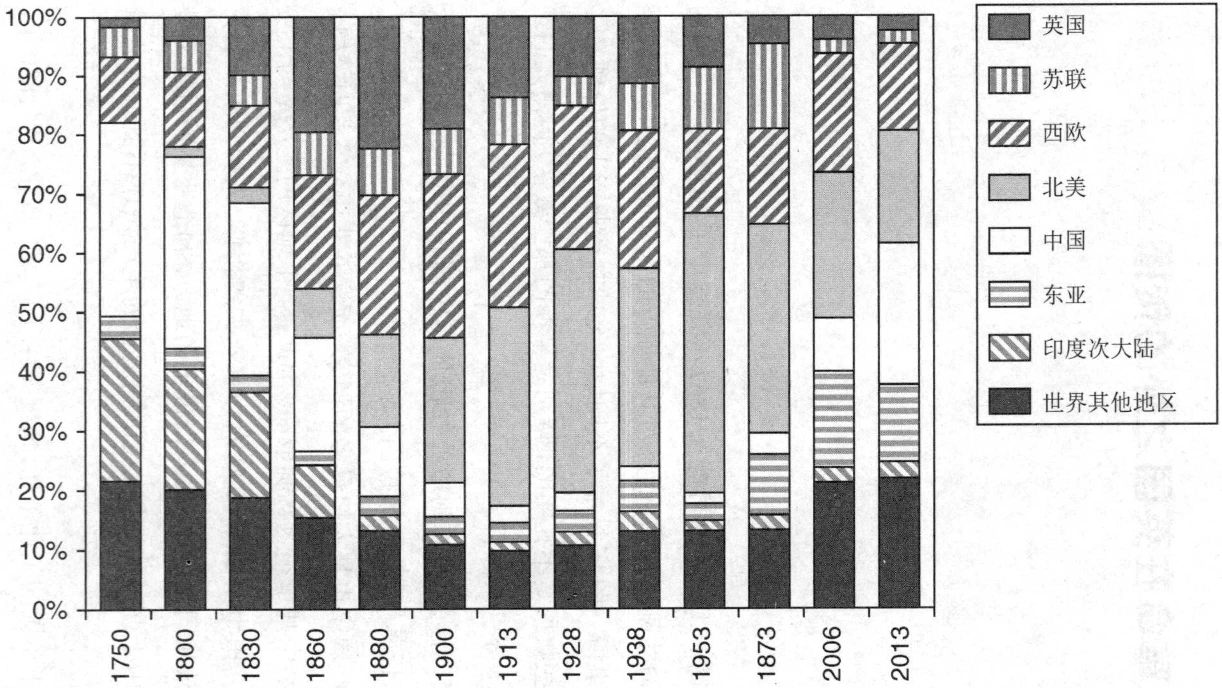

图16　1750—2013年世界制造业产量的份额占比

和中国各自的份额都降至约2%，并在20世纪末之前一直保持在类似的低值水平。这些下降不仅是相对的，而且代表着绝对的去工业化，因为来自英国的进口产品摧毁了中国和印度本土的制造业。工业革命期间，英国制造业产出的增长是以损害“第三世界”制造业为代价的。

并非所有国家都经历过这种命运。西欧在世界制造业中所占的份额从18世纪的12%上升到1913年第二次工业革命时的28%。更引人注目的是北美的崛起，主要是美国。在18世纪，北美制造业占全球制造业的比例不到1%，到1953年达到了47%的峰值。这是一场比欧洲更伟大的工业革命。西欧和北美制造业产量的增长大幅降低了英国在世界上所占的份额。

另外两个地区在20世纪经历了工业革命。一个是苏维埃社会主义共和国联盟（苏联）的组成国家。在18世纪，俄罗斯帝国的制造业占世界制造业的5%，而在20世纪80年代，苏联的五年计划将其在制造业中的份额推高至15%。随着苏联的解体，该地区的制造业份额跌至仅3%。

在20世纪经历了快速工业发展的另外一个地区是东亚（日本、中国台湾和韩国）。在19世纪初，东亚的份额比例从4%降至2%，但之后随着日本在20世纪上半叶建立起现代工业部门，这一比例上升至5%。该地区的经济在第二次世界大战中遭到了破坏，但在20世纪50年代日本率先恢复了快速增长，随后中国台湾和韩国也开始了快速增长。到2006年，这些国家的制造业占世界制造业的17%。 108

最后进行工业革命的是中国，而且是最近才出现的现象。在1953年，中国制造业的份额（2%）处于历史最低水平。到

1980年，这一比例已提高到5%，并在2006年持续上升至9%。随后的增长非常迅速，而且基数非常大，因此中国在2013年的份额达到了25%。中国现在是世界上最大的制造业经济体。

不过，中国的情况是个例外。尽管其他国家的快速增长令人兴奋，但它们在制造业产量中所占的份额并没有提高。例如，印度次大陆1973年生产了全球2%的制成品，而2013年仅生产3%的制成品。包括拉丁美洲、非洲、中东、东欧大部分地区、东南亚、澳大利亚和新西兰在内的“世界其他地区”，成功地将其在全球制造业中的比重从1973年的13%提高到2013年的21%。这一进步并不是说不重要，但它与所讨论的工业革命进步类型不同。

因此，这就存在一个重大的历史问题：为什么有的国家有工业革命，而有的国家却没有？

全球化与技术：去工业化经济学

英国工业革命与之后的一切工业革命都不同，有两个原因。

首先，英国工业革命不是预先设计好的；事实上，这在发生之前是无法想象的。所有后来的工业革命都是基于这样的判断
109 进行计划的，即各国希望所采取的各项政策能带来工业发展。

其次，所有随后的工业革命都不得不与一个工业大国抗衡——大国以极低成本出口许多它们希望生产的制成品。想要成为工业化国家就不得不以某种方式迎接这个挑战。事实上，它们的处境更加悲惨。一个未能应对英国挑战的国家不仅仅是止步不前，而且还落后了；换句话说，它被去工业化了。

这种经济情况在去工业化最早一个案例中就非常清楚，即

19世纪初的印度。

英国工业革命发生在一个日益全球化的世界。从欧洲到印度的海上航线的建立降低了实际的航运成本，使不同的东印度公司有可能从印度出口棉布到欧洲获利。英国生产商试图仿制这些布料。

由于英国的工资远高于印度，英国的生产商不得不发明节省劳动力的机器来销售除最粗的纱线以外的任何产品。纺纱机极大地提高了英国在棉纺行业的竞争力，却没有给印度乃至欧洲大陆的生产商带来任何好处，因为他们那里的工资太低，购买机器得不偿失。有了机器，在英国生产棉布比在印度生产棉布相对便宜，而在以前，情况正好相反。根据比较优势理论预测，英国大概会增加棉布出口，印度则会进口棉布而不是出口棉布。换句话说，英国会实现工业化，而印度则会去工业化。当然，发生的事实就是这样。

比较优势的论点是抽象的。我们可以通过研究英国和印度
的价格演变来了解动机是如何变化的。18世纪末，英国和印度 110
布料在英国的价格都远远高于印度布料在印度的价格，这就是印度向英国出口的原因。然而，到了1820年，由于技术进步降低了英国的生产成本，这两种布料的价格在英国急剧下降，而英格兰和苏格兰布料价格的下降也拉低了印度布料的价格。

到1820年，英国布料的价格已经低于印度布料在印度的价格。随着印度布料出口的停止，贸易结构发生了逆转，于是印度开始进口英国布料。其结果是印度的去工业化。这使印度总督威廉·本廷克说出了他的名言："棉织工的骨头使得印度的平原变成了白茫茫一片。"

印度的比较优势从制造业转移到了农业，这种变化体现在原棉价格上。19世纪初，利物浦的原棉价格远高于古吉拉特邦。随着运输成本的下降（全球化在起作用！），这一差距缩小了，印度棉花的实际价格缓慢上涨。价格上涨导致了种植和出口的增加。那个时代的人都清楚潜在的经济学原理。英国下院议员约翰·布罗克赫斯特在1840年断言："印度的纺织业已经遭到破坏……印度现在是一个农业国家而不是制造业国家，以前从事制造业的队伍现在都被吸引到了农业中去了。"

印度棉花制造业的历史是19世纪亚洲和非洲历史的一个缩影。到了20世纪，他们的制造业已经被来自英国以及后来的西欧和美国的工厂竞争摧毁了。亚洲和非洲的经济重新调整方向，生产并出口农产品。当发展经济学家在20世纪60年代调查这些地区时，他们认为这种经济结构是"传统的"。它绝对不是（传统的）。"不发达国家"是在20世纪被制造出来的，并非是天生的。它们是19世纪全球化和西方工业化的产物。

19世纪的追赶：美国的标准模式

首先一个问题是，为什么同样的命运没有降临到西欧和美国。答案是，它们遵循了一系列政策，这些政策就包括19世纪经济发展的标准模式。这个模式是在美国发展起来的，因为经济发展问题对这个新"共和国"来说非常紧迫。在殖民时期，美国实际上与英国建立了自由贸易联盟，出口农产品，进口制成品。美国从一开始就被去工业化了。它是怎样打破这一局面的呢？

解决方案的第一步，是建立一个有足够权力采取行动的政府。18世纪80年代，各州结成松散的联邦，权力有限。1790年生效的美国宪法旨在创建一个强大到足以发展国家的全国性政府。宪法本身就是朝这个方向迈出的第一步，它废除了各州之间相互征收的关税，创造了一个巨大的国内市场。美国首任财政部长亚历山大·汉密尔顿在其著名的《制造业报告》（1791）中概括的政策最终被采纳了，包括改善交通以整合国内市场；建立一个国家银行稳定货币并保证投资信贷；以及建立一项保护美国工业免受英国竞争的关税。这些政策被美国参议员亨利·克莱称为“美国制度”，它们构成了标准模式四个要素中的三个。

最后一个要素是大众教育。美国白人在殖民时期接受了很
好的教育，新共和国的学校体系得到了加强。19世纪30年代促 112
成公立学校体系建立的“公学运动”，强调通过为工业就业做好准备的方式同化吸收大量移民。通过废除内部关税和建设交通基础设施来创建一个全国性市场；建立一个银行业务体系以促进投资；设立关税以保护工业免受英国竞争；创办大众教育，在人口方面为商业经济做好准备——所有这些措施都成为19世纪经济发展的标准模式。

该标准模式在《宪法》生效后不久就付诸实施了。

1811年至1816年，联邦政府修建了许多公路，比如连接东海岸和中西部的坎伯兰公路；1817年至1825年，纽约州在哈德逊河和五大湖之间修建了伊利运河。美国第一银行和第二银行分别于1796年和1816年特许成立。那一年，美国还设立了保护性关税，以应对欧洲的和平（带来的竞争压力）——因为此前几十年的战争为美国制造业提供了一些保护。

尽管美国银行最终在19世纪30年代被安德鲁·杰克逊总

统摧毁，但标准模式的其他要素却得到反复的肯定。各种运河、公路、铁路、机场、高速公路和超级高速公路，一直都是由政府修建或得到政府支持的。教育体系得到持续扩大。美国一直维持着高关税，这在19世纪上半叶颇有争议；直到20世纪60年代，美国在制造业方面如此卓越，以至于贸易自由化似乎是一种比保护主义更能确保市场的方法。

113 美国就是在这种政策背景下实现工业化的。一旦政策参数到位，工业化就不再困难了。美国的工资非常高，这意味着英国的工厂技术适合美国。技术转移从一开始就毫不费力。到了20世纪，美国成为世界上高工资经济体和重要的技术创造者。美国发明的东西契合它的环境。需要改变美国的技术适应自己环境而遇到困难的，则是其他国家。

欧洲的标准模式

欧洲大陆的情况不同。在工业革命的早期，由于法国和德国的劳动力相对于资本来说比英国更便宜，使用英国技术得不偿失。因此，西欧的手工技术比英国的工厂技术更具有成本效益。西欧有重蹈印度覆辙的危险。

直到1815年拿破仑战败后，欧洲才开始发展制造业。不过，拿破仑通过在欧洲各地推广法国大革命的各项改革，为之奠定了基础。这些改革措施包括废除农奴制、没收修道院财产、建立新的法律制度（《拿破仑法典》）、所有公民在法律面前都是平等的、废除国内关税、税收制度现代化、扩大教育范围、促进科学和学习。法国人将这些变革强加于他们所统治的地方，并且像普鲁士等被打败但仍保持独立的其他一些国家也自行采用了这些变革措施。

除了法律上的改变，工厂纺纱和蒸汽动力的商业前景比18世纪80年代要光明得多，因为英国工程师一直在忙着提高机器的效率。随着现代技术生产效率的提高，无论劳动力有多便宜， 114
它的生产成本都比手工作业方法要低廉。滑铁卢战役之后，西欧达到了那个临界点。棉纺行业的发展非常迅速。在18世纪60年代，手工纺纱每1 000个纺锤需要2 500名工人。到18世纪80年代，阿克莱特的纺纱厂将工人减少到大约90人，而到了19世纪20年代，英国纺纱厂每1 000个纺锤只需雇用16名工人。不过，培训劳动力需要时间，所以19世纪30年代新建的法国纺纱厂雇用的工人就比英国纺纱厂要多——每1 000个纺锤雇用24名工人——即使当时他们使用的是现代机器。这些纺纱厂足够好，生产成本要比使用纺车的妇女低一些，但其效率还不足以在自由贸易环境下与英国进口的产品竞争。德国的情况也是如此。怎么办呢？

关税显然是必要的，但光靠关税是不够的。需要整套标准模式。这通过弗里德里希·李斯特的《政治经济学的国民体系》（1841）在欧洲实现了普及。李斯特是19世纪20年代末美国的一名政治难民，受到亚历山大·汉密尔顿及其政策结果的影响。德国是美国体系在欧洲的一个很好例证。类似的政策也在法国和其他国家推行。维也纳会议使德国在1815年分裂成三十八个邦国。普鲁士是最大的邦国，它的领土分散在德国各地。为了促进各地区之间的贸易，1815年，它倡议与领土交叉的邦国建立关税同盟。在接下来的几十年里，更多的邦国加入了关税同盟，于是关税同盟在1871年就变成了德意志帝国的根基。关税同盟不仅通过废除德国境内的通行费创造了一个巨大的国内市场，而且德国企业在自我创建时就设立起一道高高的关税壁垒，将英国商品拒之门外。

德国也要遵循其他必要条件行事。在交通运输方面的投资加强了全国市场。德国建成的第一条铁路只比英国的第一条铁
115 路晚了五年，而且到了1913年，铁路通车里程达到了6.3万公里。19世纪50年代到70年代，德国成立了许多庞大的投资银行，这些银行将资本汇聚到工业发展之中。最后，德国建立了全民教育体系。这是在18世纪腓特烈大帝时期开始的。事实上，美国的“公学运动”就是在模仿普鲁士学校制度。

1870年以后，德国的经济发展非常迅速。开创了一批新兴工业——钢铁、化工、电力和汽车只是其中最著名的。这些新兴工业中的许多都有科学基础，而德国在这些方面表现突出。从小学到技术高中，再到大学，德国的教育体系比英国的教育体系更现代化，而英国的教育体系因其不民主的宪法而受到了限制。例如，在1884年的《第三次改革法案》将公民选举权扩展到60%的男性之后，英国才普及初等教育。

边缘地带的标准模式

标准模式也在边缘地带国家进行了尝试，不过，成功与否结果不一。墨西哥的努力是三心二意的。在19世纪30年代，它采用了保护性关税，收益被用来给一家小型投资银行提供资金。成效是有了三十五家棉纺厂。各州的关税被保留了下来，因此没有建立全国性的市场，教育也被忽视了。波菲里奥·迪亚兹（1877—1911）的独裁统治更有魄力。取消了内部关税，并修建

了铁路，以建立一个全国性市场。这个国家依靠的不是银行，而是外国投资带来资本和先进技术。大众教育依然遭到忽视。其结果是，更多的工业发展建立在依赖外资工厂和外国管理人员的基础上，墨西哥人做着不体面的粗活。由此产生的经济增长速度不足以收紧劳动力市场，因此实际工资停滞不前，增长带来的所有收益都流向了富人，于是这个政权在1911年的革命中倒塌了。116

俄国的情况也类似。1870年到第一次世界大战期间，俄国建立了一个庞大的铁路网来开发本国的偏远地区，并将这些地区与工业中心地带以及主要港口连接起来。投资银行并不成功，所以资本由国家提供，而且就像墨西哥一样依赖外国投资。俄国人比墨西哥人更积极地追求教育。结果造成农业生产的扩大和重工业部门的创建，但这一部门的规模不足以改变经济。就像墨西哥一样，由此引发的增长不足以收紧劳动力市场，因此实际工资水平落后。1917年，俄国发生了革命。

在中东和亚洲，标准模式的应用受到了帝国主义的限制。第一次推动工业化的尝试来自穆罕默德·阿里，他在1811年夺取了埃及的控制权，并试图把它变成一个现代国家。他把土地收归国有，并把它分成小农场。他建立了贸易垄断，从农民那里购买农作物，然后转售到城市和国外。支付给农民的报酬很少，出口收益被用于资助纺织厂和军工厂，以及穆罕默德·阿里的现代化军队。许多埃及人在欧洲和国内接受教育，但大众教育被忽视了。在埃及还是奥斯曼帝国一个省的时候，穆罕默德·阿里的军队从上级统治者——奥斯曼苏丹手中夺取了巴勒斯坦和叙利亚。当埃及人打败奥斯曼人并威胁到伊斯坦布尔时，欧洲列强介入了，迫使穆罕默德·阿里放弃了他的主张，并裁减他的军队。1838年，英国和奥斯曼苏丹签署了《英土公约》，禁止奥斯曼帝国内部实施的各种垄断，从而也消除了穆罕默德·阿里现代化计划的财政基础。由国家主导的工业化发展第一次试验结束了。

117 印度的民族主义者本想采用这种标准模式，但未能做到。关税保持在较低水平，而且全然是以税收为目的。没有设立投资银行。19世纪末，印度修建了铁路网，但铺设的目的是部署军队进行平叛，并将农业区与港口连接起来，以促进农业出口。修建铁路本是良机，却被错失。像美国、德国、俄国和日本这样的国家都利用铁路建设作为扩大他们的铁、钢和工程工业的机会，但在印度，所有的机车、轨道车辆和铁轨都是从英国进口的。大众教育也被忽视了。孟买建起了棉纱纺织厂，加尔各答建起了黄麻纺织厂。这些产业都有国际影响力，但规模太小，不足以改变整个印度。

日本原来也想采用标准模式，但它的努力也受到了帝国主义的阻碍。然而，与印度不同的是，日本依然保持独立状态，这给了它更多的回旋余地。从17世纪60年代开始，日本几乎完全与世隔绝。19世纪初，欧洲列强迫使亚洲各帝国按照《英土公约》的方式达成贸易协定。以日本为例，美国人起了带头作用，1853年海军准将佩里驶进横滨港，要求日本结束闭关状态，允许对外贸易。日本在军事上过于疲弱，无法拒绝，随后开始努力让国家变得强大。政治上的突破发生在1867年明治天皇即位之时。实际统治这个国家的德川幕府（通过大政奉还）把权力交给了天皇，天皇（也在王政复古后）接管了整个国家。这不是一个王朝的传承，而是维新人士发动的一场实质上的政变，他们开始改造这个国家。经济、政治和社会生活的大多数方面都得到了革新。

明治政府的目标是通过采用发达国家的现代化技术来强推工业革命。日本追求的是一种标准模式的变体。第一，通过废除国内关税和修建铁路系统，日本建立了全国市场。 118

第二，建立了全民教育体系。第三，逐步发展建立了一个银行业务体系，尽管投资银行到20世纪20年代才成功运营。与此同时，国家扮演风险资本家的角色。第四，1866年，帝国主义列强迫使日本签订了一项贸易条约，将进口关税限制在5%以内。关税不能用来促进工业发展。取而代之的是，国家挑选那些“优胜者”并直接补贴它想要提升的那些公司。这种做法演变成“有针对性的工业政策”。各种关税限制分别在1894年和1911年到期，这时日本也开始利用关税来促进工业发展。日本的工业化始于19世纪的丝绸和棉织品等消费品，并在20世纪初扩展到钢铁、汽车、船舶、电气设备和飞机。

尽管日本可以利用补贴和后来的关税来促进工业发展，但这些政策工具本身并不能保证采用先进技术。问题在于日本的工资非常低，所以手工作业方法通常比资本密集型技术更有成本效益。为了解决这个问题，日本巧妙地重新设计了设备和工厂的运营方式，降低了资本密集度。发生在棉纺行业的一个特别简单的改变是，将工厂的工作时间改为每天两班，每班十一小时；而不是像其他地方的标准那样，每天只有一个班次。资本的成本减少至一半。到了1940年，日本已经发展出足够发达的工业经济，于是它认为自己能够在太平洋战争中打败美国和英国。

日本的成功突显了成功发展的一个重要先决条件，即一个国家要有能力制定目标并且有行政能力实现这些目标。例如，1886年，日本政府决定建立一个全民小学教育体系。这是一项
119 雄心勃勃的目标，花了几十年时间才实现。

日本的行政和技术能力在明治维新之前就很明显；而且，事实上，若没有这些，彻底的改革可能不会发生。因此，当1808年英国皇家海军护卫舰“菲顿号”进入长崎港攻打荷兰贸易站时，长崎的日本人因没有铁炮而无法自卫。当地的奉行任命了一个由工匠和学者组成的团队，他们翻译了一本描述位于莱顿的一家（过时的）铸造厂的荷兰书籍，并设法仿建了一个铸造厂。到了1854年，他们不仅铸造大炮，而且还仿制了从英国进口的现代后膛装填式“阿姆斯特朗”大炮。1868年明治维新所需的先决条件就是，要有像长崎奉行这样致力于国家现代化的先锋。

在这方面，日本可能是独一无二的。其他国家受到政治和文化结构的阻碍，无法采取类似的战略。在19世纪，中国受到帝国主义入侵的困扰，并遭到太平天国叛乱的破坏——它最终被崛起的地方军阀剿灭，但以牺牲中央政府的利益为代价。通过制度现代化来富国图强的建议被保守派势力击败或瓦解，因为保守派的地位受到社会变革的威胁。必须要把他们肃清，发展才能进行；而1912年清政府被推翻就是朝这个方向迈出的一步。在其他国家，文化特征起到了类似的作用。自1798年拿破仑入侵埃及以来，困扰阿拉伯知识分子、让人争论不休的一个问题是，伊斯兰教在多大程度上促进或阻碍了经济发展；如果是后者（阻碍发展），那么应如何对其进行修正以促进发展。

大力推进工业化和发展型国家

在20世纪，工业化的优势比以前更大了；但出于同样的原因，挑战也变得更加严峻。新技术需要研究和开发，而世界上大 120
多数的研究和开发是在少数最富裕的经济体中进行的。他们的努力方向集中在解决他们所面临的问题上，所以新技术是根据他们的情况量身定制的。随着时间的推移，他们的工资提高了，劳动力的受教育程度也提高了。富裕国家发明了技术，以充分利用劳动力的这些特点。新技术的资本密集程度更高，提高了单个劳动力的产量。最终，更高的生产率转化为更高的工资。一旦一个发达经济体转向更高的资本劳动比，它的研发努力就会致力于进一步提高这一比率。因此，这是一种螺旋式上升的进步——高工资导致新技术的出现，新技术进一步提高了单个工人的产量和资本劳动比，而这又反过来导致工资再次上涨。这一过程一直持续到20世纪末，这时螺旋形上升的趋势被打破，即使技术取得了进步，实际工资也停滞不前。

一旦发达国家从低资本劳动比转向高资本劳动比，就没有哪个国家（除了一开始的日本）再去进一步研发那些改善低资本劳动比的技术。即使在低工资国家，一些现代技术也具有成本效益，但并非所有技术都是如此。其中一些技术证明过于资本密集，因此过去较低的资本劳动比才是合适的。

从这个角度来看，许多贫穷国家能够进行国际竞争的一个行业就是服装生产业，这一点也不奇怪。这里的关键技术是缝纫机。踏板机是在1850年左右发明的，电动缝纫机是在1889年发明的。19世纪的技术是在工资低得多的时候发明的，在今天

的贫穷国家，它仍然是实现成本最小化的选择。对贫穷国家来说，实现高工资和高生活水平所需要的先进技术得不偿失，因为
121 他们的工资和生活水平太低了。他们陷入了贫困陷阱。

为了避免这种命运，各国政府在20世纪采取了更多的干预政策，而不仅仅是提高关税。苏联就是一个极端的例子。在其制度下，所有的公司都是国有的，盈利能力在他们的经营中是不被考虑的。中央计划人员为经济和每个公司设定产出目标，经理们若实现这些目标就会得到奖励，而不用考虑成本。1928年第一个五年计划开始时，大部分人口从事农业生产，未能充分就业，因此强烈需要建立资本储备。事实证明，中央计划在这方面是有效的，直至20世纪80年代实现充分就业之前，GDP都在快速增长。在此期间，苏联在世界制造业中的份额从5%上升到15%。为了继续增长，必须关闭效率低下的工厂，将工人转移到生产效率更高的企业。强调产量增加但又忽视成本的一面，这是不可能做到的。为克服这一问题，戈尔巴乔夫总统取消了计划机构，引入了市场模式来克服这个问题，但是苏联在这些变革见效之前就解体了。此后，制造业产量直线下降。转向“市场”并非成功的保证。

拉丁美洲沿用了一种不那么极端、聚焦“发展型国家”的模式。拉丁美洲保留了市场体制，与此同时国家全面实施标准模式，并采用计划和社会化企业方式对该模式进行补充。关税很高，基础设施得到建设，国家开发银行对私人投资进行补充，并且首次几乎全面实现了普及教育。

这些举措成败参半。一方面，它们带来了相当大的发展、城市化和制造能力的增长。另一方面，增长速度仍不足以赶上西

方，工业生产率也很低。这是由于存在一个根本性的问题：大多数拉丁美洲的市场太小，企业无法实现规模经济。阿根廷就是一个很好的例子。20世纪60年代，汽车组装工厂的最小有效规模为每年20万辆，而发动机和变速器工厂的最小有效规模为每
年100万辆。那时世界上只有7家公司——福特、通用汽车、克 122
莱斯勒、丰田、菲亚特、雷诺和大众——的年产量超过100万辆汽车。1959年，阿根廷出台了一项规定，要求在该国销售的汽车价值的90%必须由当地制造。然而在当时，阿根廷市场每年只有5万辆汽车。尽管这个市场在1965年增长到19.5万辆，但对于阿根廷的公司来说，这个市场还是太小了，难以达到最小有效规模。因此，阿根廷的汽车生产率仅为主要经济体的40%。规模问题在拉丁美洲的制造业中普遍存在，由此引发的低生产率导致该地区的经济表现不佳。

拉丁美洲、1947年独立后的印度和其他地方的发展型国家的糟糕表现，让许多国家将发展的希望从国家干预转向“自由市场”。这种方式可用所谓的“华盛顿共识”予以概括，即稳定、自由化和私有化三者的统一。

宏观经济稳定应该可以增加投资，而以废除关税和配额为手段的贸易自由化，以及国有企业和机构的私有化则可以提高竞争性。私有化和自由化从一系列相关争论中得到了很大的支持——这种争论认为，企业之间的竞争是高生产率的源泉，因为只有高效率的公司才能在竞争环境中生存下来。国家保护主义和贸易障碍可能会由于保护低效企业免受竞争而降低了效率。国际货币基金组织一直特别积极地按照新自由主义方法对其贷款国进行结构重组。虽然新自由主义的支持者可以找出一些有

利的结果——智利的情况就经常被引用，但华盛顿共识远算不
123 上是绝对的成功。

标准模式在1950年之后不如一个世纪前那么有效，其中一个潜在原因就是技术的发展。在19世纪中叶，一个有效率的工厂规模要比现在小得多。例如，在19世纪50年代，一座高效的高炉每年生产5 000吨铁轨，而轧钢厂的最小有效规模是每年生产1.5万吨铁轨。美国那时年消耗大约80万吨生铁和40万吨铁轨，所以在这个国家可能有许多有效规模的轧钢厂。即使消费者受到高价格的影响，高关税政策并没有造成低效率的产业结构。20世纪下半叶的情况则大不相同。

第二次世界大战后，日本采用了另一种更为成功的发展型国家模式，将该国变成了一个制造业大国。战时的破坏是彻底的。钢铁产量从1943年峰值的770万吨下降到1945年的50万吨，然后在1950年回升到500万吨。当时，一家钢铁厂的最小有效规模是100万吨至300万吨，但大多数日本钢铁厂规模较小，导致日本的钢铁生产成本比美国高出50%。日本经济接受通商产业省的监管，于是它就对钢铁业进行了重组，以建立更大的钢铁厂。因此，日本逆转了明治时代的技术政策——那时要对国外技术进行重新设计，以适应日本的要素价格。与此相反的是，他们的目标变成了要尽可能地安装使用最先进的技术，然后等待要素价格追上来。到了20世纪60年代，一家钢铁厂的最小有效规模达到了700万吨，于是日本就在市郊绿地上建造了如此大规模的钢铁厂。

在汽车生产、造船、电子产品和耐用消费品领域，日本也做出了类似的选择。

谁来买下所有这些产品呢？其中很大一部分出口到了美
国。日本受益于战后时期的两个特征。首先，美国是世界上卓 124
越的制造业国家，并认为打开外国市场更符合美国的利益，因
此，放弃了始于1816年的高关税政策，转而支持贸易自由化。其
次，日本在冷战期间特别受（美国）青睐。美国将日本视为其在
东亚对抗共产主义的前哨，这给了日本更多的空间向美国出口。
以出口为导向的日本工业意味着它必须与高效的外国生产商竞
争，而这些竞争压力有助提高日本的生产率。美国市场的准入
解决了日本工业的规模问题，并支撑了它引人注目的制造业繁
荣。美国铁锈地带的崩溃则是东亚奇迹的反面。

虽然美国市场至关重要，但它也无法全部消化日本所有的
制造业产出。国内市场也必须扩大。日本大企业的雇佣实践
起到了很大的作用。工龄工资、终身雇佣制和公司工会意味着
日本工人挣得了高工资，可以购买没有出口的汽车和音响。随
着劳动力市场的收紧，为主要企业提供服务的边缘小公司的工
资也在上涨。在1950年到1990年之间，日本的实际工资迅速增
长，带来了西式的繁荣，并证实所做的技术选择有效。

中国目前正处于工业革命之中。中国共产党在1949年取得
革命胜利后，建立了苏联式的中央计划体制。20世纪60年代和
70年代建立了一些基础产业——钢产量从1950年的100万吨增
长到1978年的3 200万吨，但经济增长速度并不突出，在1953年
到1980年间，中国在世界制造业的份额仅从2%增加至5%。

中国的经济增长率在20世纪80年代有所提高，这通常被归
因于1978年推出的以市场为导向的改革。到目前为止，就制造 125
业而言，第一个重大改革是指示乡村干部建立乡镇企业，生产消

费品，然后在自由市场上出售。中国农民传统上从事副业，而乡镇企业是对这种副业生产能力进行社会主义激活。由于计划人员过去一直强调重工业的发展，造成消费品严重短缺，而乡镇企业就满足了这种需求。1978年到1996年，乡镇企业就业人数从2 800万人增加到1.35亿人，而他们对GDP的贡献率从6%上升到26%。市场关系引入重工业部门是在20世纪80年代，那时计划采购目标被冻结，而产量的增加部分都在市场上出售。1992年，中国共产党第十四次全国代表大会决定，改革的目标是建立社会主义市场经济体制。

头脑中有了这个目标，中国工业已经进行了重塑。

企业的组织形式是公司，而不是行政部门。资本投资是由公司而不是计划机构实施，投资由银行提供资金。有各种市场进行产品、材料和劳动力的买卖。价格随供求关系而变化，公司盈利或亏损，不能取得成功的公司就会倒闭。在某些领域，外国公司与中国公司一起竞争。

这看起来像资本主义，但真的是资本主义吗？许多银行和公司是国有的，特别是在重点领域，不允许私人公司涉足。国家仍在制定各种五年计划。国家计划委员会已经被国家发展和改革委员会取代，国家发展和改革委员会仍然负责设定目标并对企业进行监督。比如，以钢铁行业为例，主要的公司都是国有的，
126 并且都由国有银行提供资金。该行业有一种五年计划，其中规定了产能、工厂选址、合并和收购。为了避免向供应大量铁矿石的外国矿业公司支付高价，目前的计划呼吁淘汰小型企业，以便该行业内部更容易沟通协作；中国政府正在购买外国供应商的股份。从2000年到2013年，中国钢铁产量从1.27亿吨（占世界

总产量的15%）增长到8.23亿吨（占世界总产量的50%）。在此期间，几乎所有世界产量的增长都是由中国产量的扩大带来的。成功要归功于社会主义市场的计划，而不是传统的资本主义。计划——现在通过市场发挥作用，也指导了其他重要产业的发展，如光伏产品、高铁等。

在其他方面，经济是由计划来指导的。基础设施和教育（标准模式涉及的两个重要领域）由国家直接控制。在选择影响市场的宏观经济变量时要考虑到发展目标。汇率被有意低估。这产生的效果，既可作为保护中国公司的关税，又可作为出口补贴以提高外国对其产品的需求。当前的计划举措旨在扩大内需，使经济摆脱对出口的依赖，并迅速提高生活水平。

将中国与苏联进行比较具有启发意义。中国保留了中央计划中的有效部分，扬弃了那些被证明是适得其反的部分。计划投资是苏联体制中运行良好的一个部分。在20世纪30年代，指导企业制定产出目标且不计成本的做法可以说是有成效的，但到了20世纪80年代却起了反作用。中国的改革已经用社会主义市场取代了目标和软预算约束。许多投资依然要进行计划。 127

将竞争与计划相结合，或许能让中国摆脱苏联共产主义的各种矛盾。

工业革命的未来

工业革命有未来吗？没有哪个大国是在不进行工业化的情况下走向富裕的。许多国家仍然贫穷，所以我们可能也希望它们实现工业化。中国现在正成为廉价制成品的来源地；因此，未来的工业化国家将不得不与之竞争，就像过去的每一个工业化国家都不得不与它的“前辈”国家竞争一样——比如，美国与英国竞争、日本与美国竞争等。

工业革命从一个贫穷国家传播到另一个穷国，也会对富裕国家产生影响。随着一个新兴工业国家的出现，发达国家会发现它们无法与它的廉价产品竞争。结果，富裕国家的工业部门就萎缩了，它们的经济变得更加以服务业为导向。

哪个国家会继中国之后进行下一次工业革命？静待历史的
128 回答……

出版者致谢

我们非常感谢获准在本书中使用以下版权材料。

罗伯特·C. 艾伦的《技术》一文的摘录，收录于罗德里克·弗洛德、简·汉弗莱斯和保罗·约翰逊编，《剑桥现代英国经济史》第二版（剑桥：剑桥大学出版社，2014）。版权属剑桥大学出版社，经许可可转载。

出版商和作者在出版前已尽一切努力与所有版权所有者联系。如果得到通知，出版者将尽力尽快纠正任何错误或遗漏。

索 引

（条目后的数字为原书页码，见本书边码）

A

B

C

D

E

F

G

K

L

M

N

O

P

Q

R

S

T

U

V

W

Y

Z

Robert C. Allen

THE INDUSTRIAL REVOLUTION

A Very Short Introduction

Contents

Acknowledgements

I am grateful to Andrea Keegan of Oxford University Press, who has had the confidence—twice now!—to sign me up to write a VSI.

Much of Chapter 3 appeared originally as Robert C. Allen, 'Technology', in Roderick Floud, Jane Humphries, and Paul Johnson (eds), *Cambridge Economic History of Modern Britain*. Cambridge: Cambridge University Press, 2014: Vol. 1, pp. 292–320. I thank Cambridge University Press for permission to use this material.

I thank the following people for reading the manuscript and giving me their comments: Dianne Frank, Matthew Allen, Ligita Vicokyte, Stan Engerman, Patrick O'Brien, Petra Moser, Peter Temin, and the readers for OUP. I benefited greatly from their reactions. Remaining errors are, of course, my own.

Writing a book always takes more time than it is supposed to, and that time is stolen from weekends, evenings, and holidays. I am thankful for the understanding of my wife Dianne and my son Matthew when I missed planting trees, building walls, cycling across Europe, and visiting museums and stately homes. Dianne does bear some of the responsibility, however: when I was in a bookstore with Matthew marvelling at a display of Very Short

Introductions, it was Dianne who burst out: 'You could write one of those!' And so here we are.

Stan Engerman and Peter Temin are great scholars whose work has inspired me and taught me much. They have offered me advice and encouragement, friendship and support over my career, and I am immensely grateful for that. I am pleased to dedicate this book to them.

List of illustrations

1. Detail from *Proverbios flamencos* by Pieter Bruegel, the Elder.

Chapter 1
Then and now

The question is: why don't we live in a Bruegel painting? Pieter Bruegel depicted everyday life in the small towns and villages of 16th-century Flanders (see Figure 1). Peasants drove horse drawn ploughs and carts. Townsmen worked in small shops with hand tools to weave cloth, slaughter pigs, and bake bread. Indeed, there was a good deal of emphasis on food, which bulked large in the economy.

Churches were prominent.

Entertainment revolved around village fetes.

It's all different today, of course. Hand tools are the preserve of the hobbyist.

Production is undertaken in large factories with machines and robots. Our homes are heated with electricity and gas: wood belongs in the fireplace and charcoal in the barbecue. We drive cars, fly planes, talk on mobiles. We live in great cities. Farmers make up only a few per cent of the population. The countryside is for walks where we 'reconnect' with nature.

It has taken centuries to get from then to now. The Industrial Revolution was a decisive juncture on that journey, and it occurred at the halfway point between Bruegel's era and today.

‘Industrial Revolution’ refers to the far reaching transformation of British society that occurred between the mid-18th and mid-19th centuries. The Revolution wears the two faces of Dr Jekyll and Mr Hyde. On the plus side, manufacturing technology was revolutionized as factories replaced handicraft methods. Productivity leaped up through the invention of machines to spin and weave cloth; the perfection of the steam engine so that it became a widely used source of power; the replacement of charcoal by coal in the smelting and refining of iron; and the construction of the first railways. Cheap coal displaced expensive renewable energy sources like wood, water, and wind. The continuous search for improved methods of production became normal business practice. Cities grew as people shifted from farming to industry and commerce. Productivity and national output have risen since the mid-18th century to produce an enviable prosperity in the West. This is the benevolent face of Dr Jekyll.

The Industrial Revolution also had a dark side, for it brought poverty as well as progress. This was Mr Hyde’s malevolent face. Technical change threw many people out of work. Twelve-hour work days were normal in the new factories, and the remuneration was meagre. Workers’ housing in the expanding cities was often squalid, and lacked effective sanitation and safe drinking water. The cities were polluted. The provision of education was limited. Some romantics rejected the new industrial order, and many writers explored its contradictions in the ‘social problem novel’. Workers organized trade unions (although they were illegal) and protest movements to improve their conditions, while socialists plotted a better world order. Foreign observers were appalled—they wanted Britain’s progress without its poverty. Why did the possibilities for a better life take so long to reach the working population?

The contradictions of the Industrial Revolution were intrinsic to its dynamics. The term itself is misleading in that it suggests a dramatic rupture with what came before—and that was certainly Toynbee's intention when he popularized the phrase in his *Lectures on the Industrial Revolution of the Eighteenth Century in England* (1884)—but historians now recognize that the Industrial Revolution was the culmination of two centuries of economic evolution. Following Columbus' voyage to the Caribbean in 1492, Europeans colonized the Americas, and the Atlantic economy boomed. England was particularly successful in this endeavour and established colonies along the east coast of the future USA and in the Caribbean. The Atlantic economy was a great market for English goods, and the handicraft sector grew in consequence—employing as much as a third of the workforce on the eve of the Industrial Revolution. This great increase in employment led to an agricultural revolution that fed the manufacturing population; an energy revolution as coal was exploited to heat the growing cities; and to wage levels that exceeded those in most other countries. High wages and cheap energy made it profitable to invent techniques that increased the use of capital and energy relative to labour—the power-driven machinery that raised productivity. These techniques were not profitable to use in France, Egypt, or India, so they were invented in Britain rather than elsewhere. This is why the Industrial Revolution was British.

The economy of the Industrial Revolution was unstable, however. As the machines were invented, they out-competed the handicraft sector whose large size had been responsible for the high wages that made labour-saving machines profitable in the first place. The adoption of machinery led to massive technological unemployment in one handicraft trade after another. The growth of the handicraft sector in the 17th and 18th centuries, thus, contained the seeds of its own destruction. The genius of capitalism consists as much in destroying the old production systems as it does in creating the new. The process is one that Schumpeter described as a 'perennial gale of creative destruction'. The gale blew strongly in the

Industrial Revolution producing poverty at the same time as it brought progress.

There were great gainers as well as great losers in the Industrial Revolution, and their aspirations and predicaments influenced social and political life generally. Most agricultural land was owned by perhaps 15,000 families, and members of this group dominated parliament and held most of the high political offices throughout the Industrial Revolution.

While the landowners claimed to act in the national interest, they often advanced their own at the expense of other groups—a notable example being the Corn Laws of 1815, which aimed to keep the price of wheat high in Britain by excluding cheap imported grain. Mass mobilization to extend the franchise and increase the representation of cities in parliament led to the Reform Act of 1832, which gave the vote to many in the middle class but not to the workers of the country. The Chartist movement in the 1830s and 1840s sought universal male suffrage, but these petitions were always rejected. The upper classes regarded democracy as a threat to their property and power so long as wages were stagnant and poverty was a source of discontent. It was only in the mid-19th century that machine production finally liquidated the hand trades. After that, wages started to rise as high productivity jobs were created faster than low productivity jobs were destroyed. The Industrial Revolution was finished, and, in 1867, the upper strata of the working class at last got the vote.

Reinforcing revolutions

One reason that the Industrial Revolution led to a continuous process of economic growth is that it involved a set of revolutions that reinforced each other. Some of these revolutions, in fact, started before the Industrial Revolution—therefore, the Industrial Revolution was the result of economic change as well as the cause of it.

Technological change is the motor that powers economic growth, and a *technological revolution* was at the heart of the Industrial Revolution. A schoolboy famously wrote: 'About 1760 a wave of gadgets swept over England.' The most celebrated gadgets were in the iron and cotton industries, and in power generation. Abraham Darby's successful smelting of pig iron with coke rather than charcoal, the traditional fuel, in 1709 initiated the changes in the iron industry. Huntsman revolutionized the production of steel with the crucible process in the 1740s; and Henry Cort did the same for wrought iron manufacture with the puddling and rolling processes in the 1780s. Cotton had always been spun by hand on wheels or with a distaff and spindle until James Hargreaves invented the spinning jenny in the 1760s; Richard Arkwright, the water frame in the 1770s; and Samuel Crompton, the mule ten years later.

Factory spinning was soon followed by the invention of power weaving by Edmund Cartwright around 1785, which took decades to perfect. Finally, power technology was shifted from traditional or organic sources (e.g. wood and charcoal, wind, water, and animals) to coal, with the invention of the steam engine by Thomas Newcomen in the early 1700s and its improvement by James Watt in the 1760s. These technologies were further perfected over the next century and a half, and breakthroughs were extended to other sectors like transportation, with the invention of the railway in the 1830s and the steamship. By the mid-19th century, mechanization was spreading across most of British industry. The continual revolutionizing of the mode of production and transportation is the greatest legacy of the Industrial Revolution.

A *demographic revolution* accompanied the technological changes. The population of Great Britain was constant at about 6.5 million between 1650 and 1750 after which it started to grow, reaching 10.5 million in 1800; 20.8 in 1850; 37 in 1900; and 50 million in 1950. Since then the rate of natural increase has been very low. The relationship between population growth and economic variables like industrialization, incomes, urbanization, and education has been the subject of research and debate since Malthus' seminal *Essay on the Principle of Population* (1798).

An *urban revolution* also occurred, but it started before the Industrial Revolution. In 1500 only 7 per cent of the English population lived in towns and cities of 5,000 people or more. By 1750 that fraction increased to 23 per cent—and it kept growing as the population expanded, reaching 50 per cent in 1850; and 75 per cent in 1910. London grew from small beginnings to become the largest city in Europe. The capital's population increased from 50,000 in 1500 to 200,000 in 1600; to 500,000 in 1700; and, finally, to one million in 1800.

An *agricultural revolution* was needed to feed the rapidly growing cities, and this began in the 17th century as grain yields rose, cows and sheep gave more milk and wool, and animals were reared to greater weights. The improvements were due to better seed selection, improved soil preparation (in part due to better equipment), selective breeding, and new crop rotations including fodder crops like turnips and clover. At the same time as farming practice was getting better, the common fields and pastures were being enclosed and small family farms were being combined into large 'capital' farms operated with hired labour. A long-standing view was that the enclosures and large farms were responsible for the improvements in practice and productivity, but that claim has been repeatedly called into question. Farm output continued to expand during the Industrial Revolution, but Britain became more and more dependent on imported food, as rising demand outstripped domestic supply.

Rising imports highlights another feature of Britain's transformation—a *commercial revolution*. Exports and imports became increasingly important relative to national income. This development also began early—by the end of the 16th century. In the 17th century, England exported increasing volumes of wool textiles, iron goods, and other manufactured items, while it imported ever more spices, sugar, tobacco, and tropical produce.

Once the Industrial Revolution got underway, exports of manufactured goods soared, while Britain imported raw cotton to spin into yarn and food to feed the growing workforce.

Transportation revolutions underpinned the growth in trade. In the 17th and 18th centuries, better sailing vessels cut ocean freight rates. In the 18th century, inland shipping costs fell as a canal system was built and roads were improved. Travel times were cut as vehicles went faster. After 1830, the railway further reduced overland transport costs, and steam ships eventually did the same for the seas. A world economy arose, and globalization promoted the industrialization of Britain, as it de-industrialized the Third World.

Economic growth required the construction of cities, factories, and transportation facilities, and the growth in commerce required an expansion of trade credit. These needs were met through a *financial revolution.* In the late 17th century, legal changes created the modern mortgage, so that land could be used as security to raise long term loans. English agricultural estates were mortgaged and the proceeds paid for the construction of cities. The public finances were reordered in the 1690s with the establishment of the Bank of England and the refunding of the national debt. Private banks developed in London that mainly financed international trade. The manufacturing firms of the Industrial Revolution started as small partnerships, and their factories were financed with the funds of the proprietors. As businesses came to outlive their owners, the corporate form of organization was permitted in manufacturing in the middle of the 19th century.

The macro picture

The upshot of these interlocking revolutions was a long run increase in GDP (gross domestic product = total output = the total income of Britain). In the last half century, there has been a concerted effort by economists and historians to measure this increase as well as the increases in the factors of production (land, labour, and capital) that were associated with it. Figure 2 shows real GDP per worker from 1770 to 1910. Output per worker doubled between 1770 and 1850, as GDP grew at just under 2 per cent per year. That is not much compared to recent growth miracles where GDP has leaped up as much as 10 per cent per annum, but progress is always slower for the leading economy that is pushing the world technology frontier forward than it is for a late developer that can copy the high productivity technology used in the advanced economies. This was particularly true for the first industrializer.

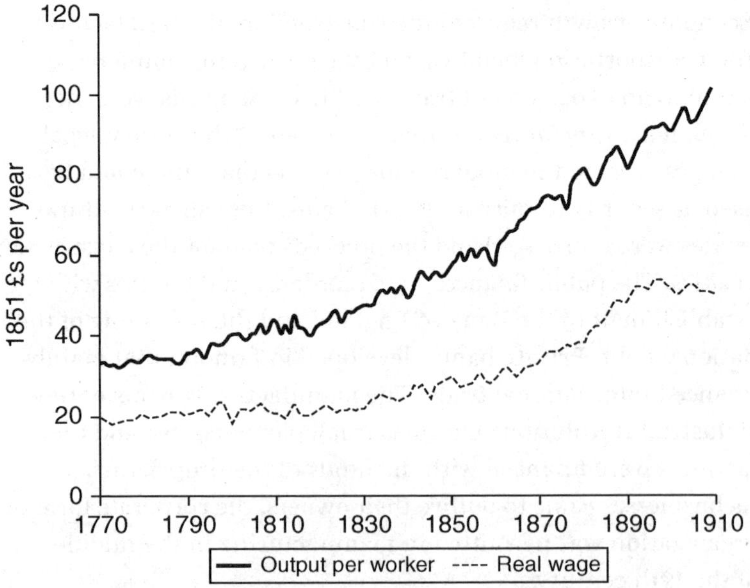

2. GDP per worker versus the average real wage.

Analysis of the GDP data shows that one reason that GDP per worker grew during the Industrial Revolution was capital accumulation: British workers had more machinery to work with at the end of the period than at the beginning. However, capital accumulation made only a small contribution to the growth in labour productivity. The biggest source of growth was technical progress—that is, the machinery and the organization of production were more efficient in the middle of the 19th century than they had been a century earlier.

Why was that? One approach has been to parcel out the growth in aggregate productivity to the various industries and sectors of the economy. Was the Industrial Revolution a uniform advance on all fronts or was progress confined to a few revolutionized industries? This is a precarious exercise given the poor quality of the data, but progress looks far from uniform. Between 1780 and 1860, the 'revolutionized' industries (principally textiles) accounted for 31 per cent of the growth in productivity; transport improvements (canals and ocean shipping) accounted for 18 per cent; and agriculture (perhaps surprisingly since this was an *industrial* revolution), for 29 per cent. That leaves only 15 per cent to be explained by advances in the rest of the economy. Many industries realized no productivity growth including those making flour, bread, beer, naval ships of the line, coal mining, and wood products like lath and wainscot. Others such as those making iron, shoes, stockings, paper, glass, nails, and steam and water power achieved substantial productivity growth.

Candle making is not usually given any attention in accounts of the Industrial Revolution, but it was, in fact, revolutionized. Productivity was static until the Napoleonic Wars, and then it doubled in a generation, growing at 2 per cent per year, which was even faster than productivity growth in cotton textiles. The production process in the 1840s was very different from the hand processes of earlier centuries. Candles were produced in moulds arranged in huge racks controlled by a single operator. Even the process of making dipped candles had become highly mechanized, so that a worker could produce great volumes. The mechanization of production raised productivity in candles as it did in cotton.

Gainers and losers

The Industrial Revolution led to a doubling of income per head in Britain between 1770 and 1870. Not everyone, however, shared in that advance. A big divide was between workers, on the one hand, and the middle and upper classes on the other. The division is highlighted in Figure 2, which plots the average real wage as well as real output per worker. While the latter doubled during the century of the Industrial Revolution, the former only increased by 50 per cent. Moreover, the rise in the real wage occurred at the end of the period. From 1770 to 1830 there was no discernible rise in the average real wage, and only a 5 per cent increase in the 1830s. It was only after about 1840 that the average worker began to participate in the progress of the Industrial Revolution.

Moreover, when we examine this question more closely in Chapter 4, we will see that the average real wage obscures as much as it reveals. Some workers experienced rising real incomes, while others, particularly those in the handicraft trades that were the basis of prosperity in the 18th century, had falling incomes as they faced competition from mechanized production. Poverty was the companion of prosperity.

Explaining the Industrial Revolution

Why did the Industrial Revolution happen in Britain rather than in France, the Netherlands, India, or China? There are many long-standing explanations that highlight background factors that played a part.

One influential theory attributes the Industrial Revolution to the rise of capitalism. According to Karl Marx, who stressed this explanation, capitalism was the only economic system in which incentives led to economic growth. In previous systems, redistributing income, rather than creating new income, was the surest way for people to improve their standard of living. Marx conceived of capitalism as a system with many competitive firms. Each firm had to increase its productivity or it would be driven out of business by competitors who would do so. The result was a high rate of capital accumulation and technological change. The secret to explaining growth was, therefore, explaining the rise of capitalism. Marx thought two channels were important. The first was the reorganization of rural society, so that feudal lords and peasant farmers operating in the open fields were replaced by landless labourers and large-scale 'capital' farms. While rural society did evolve in this way, it turns out that capitalist agriculture was not much more productive than the peasant agriculture which it replaced. On the other hand, 'the historical process of divorcing the producer from the means of production', that is, depriving the peasants of land, implements, and livestock so they had to become employees in order to survive, may have increased their readiness to take up handicraft production and migrate to cities to find work.

Marx also—and in this he has been joined by many other thinkers—stressed the importance of globalization in transforming the English economy. Inter-continental maritime trade increased gradually after the voyages of discovery of Columbus and Vasco da Gama at the end of the 15th century. Permanent settlements and colonies soon followed.

Europe's overseas expansion was accomplished by states competing for hegemony, and each used imperialism and trade policy to expand its wealth at the expense of its competitors (as well as the indigenous populations). Countries aimed to secure as much as possible of their colonies' trade for their own nationals through 'mercantilist' policies that excluded foreigners. When tariffs failed, war was an acceptable alternative. In this world, a country could succeed only through aggressive imperialism, and England proved to have one of the most growth promoting empires in Europe.

Slavery was a central feature of the global economy. Sugar, tobacco, and cotton were grown in the Caribbean and USA on plantations operated by slaves. These trades were substantial and lucrative, and the raw cotton imported by Britain from the USA after 1800 was the essential raw material of the Industrial Revolution. Many believe that the slave system was the foundation of the Industrial Revolution, and, in particular, that profits from slavery financed the accumulation of capital in Britain. But while there were case-by-case connections, profits from slavery in total were not substantial enough to explain the rise in investment that took place during the Industrial Revolution.

England's political and legal systems have been invoked by thinkers since Adam Smith as the key to explaining the Industrial Revolution. After the Norman Conquest in 1066, England had the most centralized feudal system in Europe. The nobles had considerable power both in parliament and on the battlefield, and they forced King John, for instance, to grant the Magna Carta in 1215. Disputes between Crown and Parliament in the 17th century resulted in the Civil War between the two, the execution of Charles I in 1649, Oliver Cromwell's commonwealth, and eventually the restoration of Charles II in 1660.

Parliamentary supremacy was definitively secured with the Glorious Revolution of 1688, when James II fled the country, and parliament gave the Crown to William and Mary. This victory by parliament is supposed to have checked the arbitrary exercise of power by the Crown, secured the rights of private property, limited taxation, and thereby created a favourable climate for investment. The Industrial Revolution was the inevitable result.

In the 18th century, Britain had a parliament controlled by large landowners, and it did pass many acts that provided for road improvements, the construction of canals, and the reorganization of agriculture. The new infrastructure probably boosted the economy.

Taxation, however, was high—not low—and the proceeds were used to fund the army and the Royal Navy, which secured Britain its colonial empire. The empire contributed to the Industrial Revolution, but not by strengthening the legal system as the enthusiasts for 1688 maintain. One reason was that Britain already had an effective legal system before 1688, and it underpinned the huge economic expansion that had taken place in the 16th and 17th centuries.

Some social scientists have argued that the cause of economic growth was the spread of a rationalistic culture that emphasized discipline and hard work. Max Weber linked this to Protestantism and the Reformation. Many English were Puritan Calvinists of the sort that Weber thought exemplified the Protestant Ethic, and the Scottish Presbyterian Church was even more avowedly Calvinist. However, English Puritanism was discredited in the Civil War as lower class radicals and democrats claimed divine inspiration for their demands. The upper classes shifted their religious stance toward Deism in the 18th century. This view imagines God as a retired engineer, who set the universe in motion according to Newton's laws and who has never subsequently intervened—either to cause miracles or to promote democratic doctrines.

The Scientific Revolution of the 17th century was, of course, a second source of Deism. Scientific discoveries did underpin some 18th-century technology, notably the steam engine, and may have promoted technological progress more generally by popularizing the scientific method. There was, indeed, much enthusiasm for science and technology among the upper classes. King George III received special tuition in science and had an impressive collection of apparatus for his laboratory exercises. Many of his subjects attended lectures and demonstrations put on in coffee houses. This activity may have made the Brits more sympathetic to technological progress.

It is not clear, however, if commitment to the scientific world view extended very far down the social scale. Belief in witchcraft, for instance, was widespread. In 1682, the brother of Lord Chief Justice North recalled that 'It is seldom that a poor old wretch is brought to trial' for witchcraft,

> but there is at the heels of her, a popular rage that does little less than demand her to be put to death; and if a judge... declare himself against the impious vulgar opinion, that the devil himself has power to torment and kill innocent children, or that he is pleased to divert himself with the good people's cheese, butter, pigs, and geese, and the like errors of the ignorant and foolish rabble

then the villagers 'cry this judge hath no religion, for he doth not believe [in] witches.' Enthusiasm for science may have been a film floating on a lake of superstition.

Triggering events

While the background factors sustained institutions, practices, and culture that supported technological innovation and business investment, they were not sufficient on their own to explain the Industrial Revolution. Other parts of the world were equally blessed, but they did not have industrial revolutions. Specific triggers were present in Britain that meant the Industrial Revolution happened there. We explore these in Chapters 2 and 3.

Chapter 2
The pre-Industrial Revolution, 1500–1700

Witney is a small market town 15 miles north-west of Oxford. It is far from northern Britain where the Industrial Revolution unfolded, but it nevertheless experienced many of the same changes. Before looking at national and international patterns, we will see what happened in Witney. It illustrates many themes of both the pre-industrial and industrial revolutions.

A cloth industry grew up in Witney during the middle ages based on Cotswold wool, water from the Windrush River for fulling and dying, and good road connections to London via the New Bridge and the Abingdon bridge built in the 15th century. By the early 17th century, Witney was specializing in blankets, the product for which it became famous. The market was international. The highest quality blankets were exported to Spain and Portugal. They were taken by wagon to London where they were shipped overseas.

Poorer quality blankets went to North America. In the 18th century, many were bought by the Hudson Bay Company and sent to Canada where they were swapped for beaver pelts with the native Indians. The Hudson Bay Company remained a major purchaser of Witney blankets into the 19th century. Globalization penetrated and transformed rural Oxfordshire (see Figure 3).

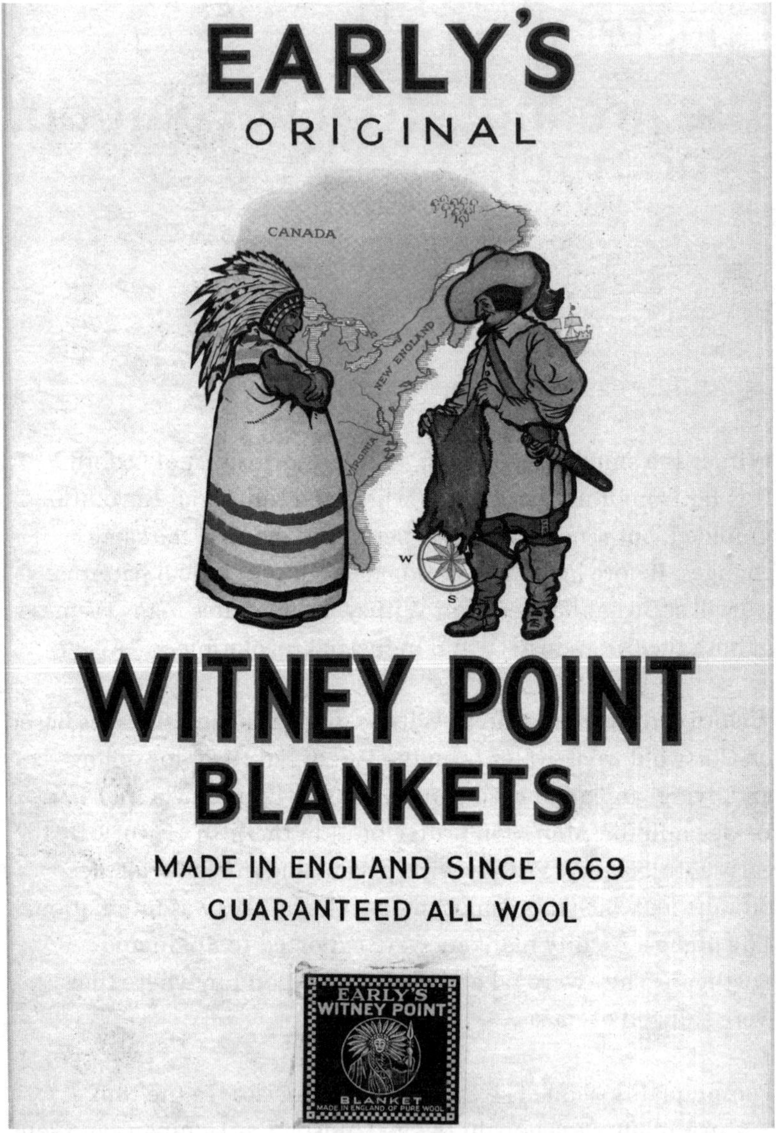

3. Early's point blankets.

In the 18th century, the business was organized in the pre-industrial manner. There were sixty to eighty master weavers who owned, on average, three looms each. One they worked themselves, and the others were operated by other family members, apprentices, and journeymen hired for a wage. In 1712 the Witney Blanket Company was chartered. It operated as a traditional guild setting quality standards and regulating apprenticeships. All master weavers were required to be members. In 1721 a Hall was erected and served as the inspection point for blankets as well as for guild meetings. The master weavers subcontracted fulling and dying to other artisans and supplied women in outlying villages with raw wool which they carded and spun. Production fluctuated around 7,000 packs of wool per year.

During the Industrial Revolution, the technology changed and so did the organization of work. Around 1800, the spring loom was introduced. This loom with a flying shuttle could be operated by one man rather than two as was previously required. The spinning jenny was adapted to the coarse wool used for blankets, and the domestic spinners lost their jobs. On the organizational front, the number of master weavers dropped to less than a dozen. In 1838, the largest employer was John Early who employed seventy weavers and owned spinning and fulling machinery. The factory had arrived in Witney.

These changes did not benefit the workforce. Arthur Young, a renowned agricultural improver and commentator on all aspects of economic life, observed that mechanization meant that 'the masters and the fabric may flourish, but it cannot be contended that the labouring hands do the same.' The employment of weavers was cut in half. 'The effect of the introduction of machinery gave…the power of keeping down wages in such a manner as to deprive the poor of any share in, or at least leaving them a very small one in, that prosperity which has pervaded the kingdom.' Weavers earned nominally the same wage throughout the Industrial Revolution (11 shillings per week), but its purchasing power was much lower in 1830 than it had been in 1770 because consumer prices were 50 per cent higher. Much of the countryside was affected since factory spinning meant that the women were unemployed. William Cobbett wrote,

> A part, and perhaps a considerable part, of the decay and misery of this place [Whittington, Gloucestershire] is owing to the use of *machinery*... in the manufacture of blankets, of which fabric the town of Witney... was the centre, and from which town the wool used to be sent round to, and the yarn, or warp, come back from, all these Cotswold villages,... This work is all now gone, and so the women and girls are a 'surplus *popalashon, mon*'.

The decline in employment and real wages did mean that blankets could be profitably woven in Witney, and the industry remained the economic basis of the town for two more centuries. Technical progress continued. The first steam engine was erected for spinning in 1851, and steam power became general after the arrival of the railway in 1861. The power loom was applied to blanket making in 1858, a generation after its application to cotton. Investment in new technology was substantial after the Second World War, but it was not enough to sustain the industry. The successor to John Early's firm shut down, and the last blanket was woven in Witney in 2002. The 18th-century weavers' cottages and the blanket hall now comprise the Witney Conservation Area and are much sought after residences.

The rise of northern Europe

The growth of the Witney blanket industry in the 17th and 18th centuries is an example of a broader trend—the shift of manufacturing from the Mediterranean to north-western Europe. In 1500, at the end of the middle ages, Italy and Spain were the most urbanized countries and Europe's manufacturing power houses. The only comparably developed parts of north Europe were the Low Countries (modern day Belgium and the Netherlands).

Otherwise, the continent was largely rural and agricultural. These differences in economic structure are illustrated in Box 1, which divides the population into three sectors—urban, agricultural, and rural non-agricultural.

In 1500, the agricultural population made up three-quarters of the total in England and the large continental countries. (This is the same proportion that one observed in less developed countries like India and China early in the 20th century.) The percentage was lower in Italy, Spain, and the Low Countries. The latter had correspondingly larger urban populations, and that was important since most manufacturing took place in cities. The rural non-agricultural populations comprised a similar fraction of the population (14–19 per cent) in all of the European countries in 1500 and consisted of servants in country houses, priests, workers in transportation, and village craftsmen satisfying local needs.

Box 1 How did globalization transform pre-industrial Europe?

We can see how the economies of European countries were transformed between 1500 and 1750 by dividing people into three categories depending on where they lived and what they did. The categories are 'urban' (those living in settlements of more than 5,000 people), 'agricultural' (those living outside of urban settlements and farming the land), and 'rural, non-agriculture' (those living outside of urban settlements and doing jobs other than farming). Examples of the latter include the village clergy, monks, domestic servants, carters, miners, spinners, weavers, and other craftsmen. The table that follows shows these divisions for the principal European countries following modern boundaries. The percentages add up to 100 per cent for each country in each year. The countries that changed the most were the commercial powers of north-western Europe.

	1500			1750		
	Urban	**Rural non-agriculture**	**Agriculture**	**Urban**	**Rural non-agriculture**	**Agriculture**
Greatest transformation (%)						
England	8	18	74	23	32	45
Netherlands	30	14	56	36	22	42
Belgium	28	14	58	22	27	51
Slight evolution (%)						
Germany	9	18	73	9	27	64
France	9	18	73	13	26	61
Austria/Hungary	5	19	76	7	32	61
Poland	6	19	75	4	36	60
Little change (%)						
Italy	22	16	62	22	19	59
Spain	19	16	65	21	17	62

Source: Robert C. Allen, 'Economic Structure and Agricultural Productivity in Europe, 1300–1800', *European Review of Economic History*, 2000, Vol. 3, pp. 8–9.

By the eve of the Industrial Revolution, the centre of handicraft manufacturing in Europe had shifted to the North Sea. The English economy was the most transformed. The agricultural share of the population had dropped to 45 per cent, while the urban share jumped to 23 per cent, and the rural non-agricultural share leaped to 32 per cent—the highest percentage in Europe. Some of the growth in the urban share was due to an expansion in manufacturing (e.g. furniture making and book publishing in London; metal working in Birmingham; and so forth), but much of it was due to the growth of commerce and shipping. The growth of manufacturing was most apparent in the increase in the rural, non-agricultural share. In the 17th century, the wool and linen industries like many others expanded in the countryside. The Witney model was widespread: merchants signed up men and women to spin yarn, weave fabrics, and knit stockings in their homes. The merchant brought the raw material to the workers, collected the finished articles, and paid the spinners and weavers for their effort. These rural industries were geographically concentrated, and their products were sold across Europe and, indeed, around the world. England was a leader in this so-called 'proto-industrial' revolution.

The Dutch and the Belgians were not far behind. Indeed, the Dutch economy was the most modern, if not the most transformed, by the end of the 17th century. The Netherlands was the most urbanized and had the smallest share of its population in agriculture. The great question in early modern political economy was how to catch up with the Dutch. The British managed to do that with their Industrial Revolution.

The other countries in Europe were transformed to a much lesser degree. There was a small decline in the agricultural share of the workforce in the big continental countries and a corresponding increase in rural manufacturing, but the cities remained small. These were not the economic leaders.

The economies of Spain and Italy were the least transformed of all. The stasis is somewhat deceptive—the constancy in the Spanish urban share encompasses the huge growth of Madrid and the collapse of the old manufacturing cities. Nonetheless, Italy and Spain had slipped from first to last place in European economic performance.

Success in the global economy

Why were the economies of England and the Low Countries so radically transformed? The background factors highlighted in Chapter 1 made a contribution, but they were not sufficient. Indeed, many of these 'background factors' were arguably consequences of the expansion of north-western Europe, so causation is murky. The background factors, if they worked at all, did so by strengthening the responsiveness of the economy to incentives by either improving the 'climate of investment', the mobility of labour, or the attitudes of businessmen or by reducing the chance that progress would be swamped by demographic expansion. We can gain further insight into why the Industrial Revolution happened in Britain by analysing the evolution of the economic incentives themselves.

It was the evolution of the international economy and the imperial and military policies of the governments of Europe that created the peculiar incentives that triggered the Industrial Revolution. In the middle ages, pepper, cinnamon, nutmeg, and other spices were exported from India and South-East Asia to Europe via the Middle East. In the 15th century the invention of the square rigged ship allowed Europeans to sail around Africa to Asia. Vasco da Gama reached India in 1498, and his success led to the establishment of a Portuguese empire in Asia and Brazil. Success was short lived, however, for many of these Asian colonies were seized by the Dutch in the 16th century. Some years before Vasco da Gama's voyage, Christopher Columbus convinced King Ferdinand and Queen Isabella of Spain to fund his attempt to reach Asia by sailing west across the Atlantic, and he reached the Bahamas in 1492. The 'discovery' of America (the Grand Banks of Canada had been frequented by European fishermen for centuries) led to a scramble for colonies in which Spain looked the early winner, for the conquest of Mexico and Peru gave it vast quantities of silver. This treasure proved counterproductive for the economy, however, since it led to inflation that rendered Spanish agriculture and manufacturing uncompetitive. By the 17th century, England, France, and other powers were seizing colonies in the Caribbean, where fortunes were made in sugar plantations manned with African slaves. The English also established a string of colonies along the east coast of North America. (See Figure 4.)

Bengal was conquered by the English East Indies Company in 1757. The Dutch and the French also founded colonies in India, the Caribbean, and North America, but they were defeated by the English who took many of their colonies from them. The English and the French followed 'mercantilist' economic policies, and used tariffs and other trade restrictions to secure their colonial markets

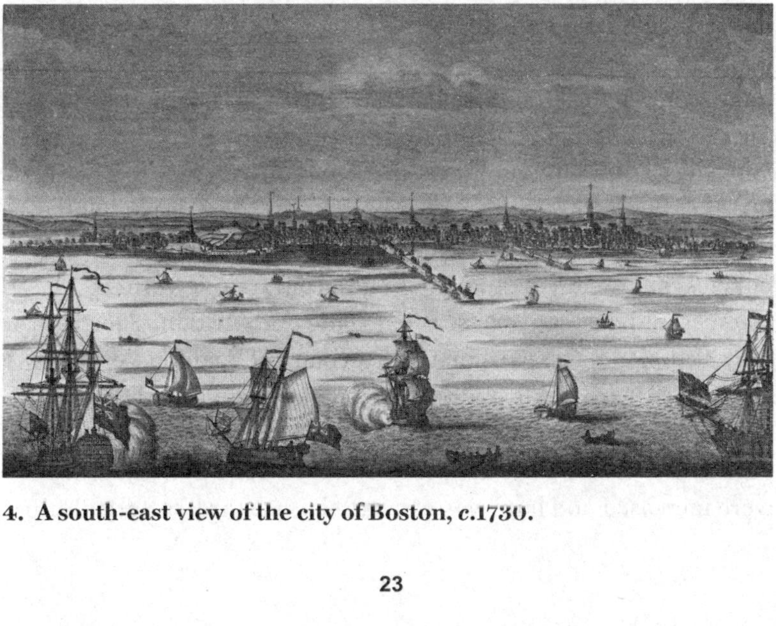

4. A south-east view of the city of Boston, *c*.1730.

for themselves. As the English empire expanded, so did the market for English manufactured goods, and this led to the great expansion of rural manufacturing and urban employment shown in Box 1. Witney, as we saw, grew by exporting blankets to Canada.

Some knock-on effects

England's success in the global economy had important effects beyond the growth of cities and rural manufacturing. These include the agricultural revolution, the coal revolution, the high wage economy, and the expansion of literacy.

There was an agricultural revolution in England in the 17th and early 18th centuries—crucially before the Industrial Revolution: more bushels of grain were reaped per acre; cows gave more milk; and sheep, more wool and mutton. Output per worker also increased. This was the flip side of the declining share of the population in agriculture. In 1500 each person in agriculture supported him- or herself plus about one-third of a person off the farm. By 1750, one agricultural person supported him- or herself plus one and one-fifth in rural industry or the cities. The growth in agricultural labour productivity made it possible for the cities and rural industries to expand.

Causation ran the other way, however. It was long thought that the rise of capitalist agriculture led to an increase in production and a decline in farm employment that induced cities to grow by flooding them with cheap labour and food. In fact, causation began with the growth of Britain's empire and the mercantilist policies that excluded other countries from trading with its colonies and, instead, focused that trade onto Britain. The growth in trade led to the expansion of the urban and manufacturing economies. As London and the other cities grew, so did the demand for food and labour. Farmers responded by increasing production. As labour was sucked from the countryside, farm sizes were increased and land was converted to pasture, so agriculture could operate with fewer workers. Agriculture was revolutionized by the growth of empire.

The coal revolution was also a direct result of the growth of London. At the end of the middle ages, small amounts of coal were scratched from outcrops on all of the major British and European coal fields. Production did not increase, however, because wood remained relatively inexpensive. When London's population was only 50,000 in 1500, firewood and charcoal were secured close to the capital and transport costs were modest. As the city's population exploded in the next two centuries, the demand for fuel ballooned, and supplies travelled a much greater distance—and at much greater cost. The price of charcoal in London rose in the 16th century, pulling up the price of coal as well.

As wood became more expensive, consumers were tempted to use coal instead. Switching was not simple, however, because wood was the cleaner fuel. Coal contained sulphur, which had to be removed in many industrial processes. Sulphur also rendered coal unsatisfactory for residential heating and cooking, which were the major applications. The shift to coal required the invention of new technology to burn it. In the case of residential heating, an entirely new house had to be designed. The medieval house had a hearth in the centre of the main room where a fire was built. Smoke drifted up into the rafters and left the house through a vent in the roof. If coal were substituted for wood, the house would have filled with noxious fumes—if the fire burnt at all. In fact, it would have been difficult to burn coal in an open fire, for coal must be confined in a space with a strong draught to burn well.

The solution was the terraced house with back to back fireplaces venting up through a chimney built into the party wall. It took considerable experimentation in many new houses to work out the design and dimensions of these systems—how did you induce the smoke from the ground floor to rise through the chimney rather than exit through a first-floor fireplace? This experimentation was facilitated by the large-scale house construction in London, as it expanded in the 16th and 17th centuries.

When both fuels were sold in London in the 17th century, coal cost about half the price per unit of energy compared to firewood or charcoal. As London expanded in the 16th century, wood fuel prices rose. By the 1580s they reached a value that was high enough so that coal could be sold in London at a great enough price to cover the cost of mining it in Northumberland and shipping it to London. That is when the coal trade took off.

Once the coal industry was established, northern Britain had access to some of the cheapest energy in the world. In the early 18th century, coal sold in London at about 11 pence per million British thermal units (MBTUs), a unit of heat energy. The price of energy from peat was similar in Amsterdam, where British coal was also sold. Energy was much more expensive elsewhere. It cost 19 pence in Paris and 20 in Beijing. In Newcastle upon Tyne and other northern cities, on the other hand, energy only cost 1.5 pence per million MBTUs. The Industrial Revolution happened in those cities rather than in London. As it happens, the coal mines were also close to iron ore deposits, and that conjunction of resources led to the modern iron industry. The steam engine was developed to drain coal mines, and the first railed ways were constructed in collieries to bring out the coal. The early development of Britain's coal resources underpinned an essential trajectory of technological advance.

Wages and living standards

The growth of cities, manufacturing, and commerce also had a profound impact on the British labour market. Figure 5 charts the course of real wages and population in England from the middle ages through the 18th century.

The period divides neatly in two. In the first phase from 1300 to 1600 the economy was mainly agricultural. This period was

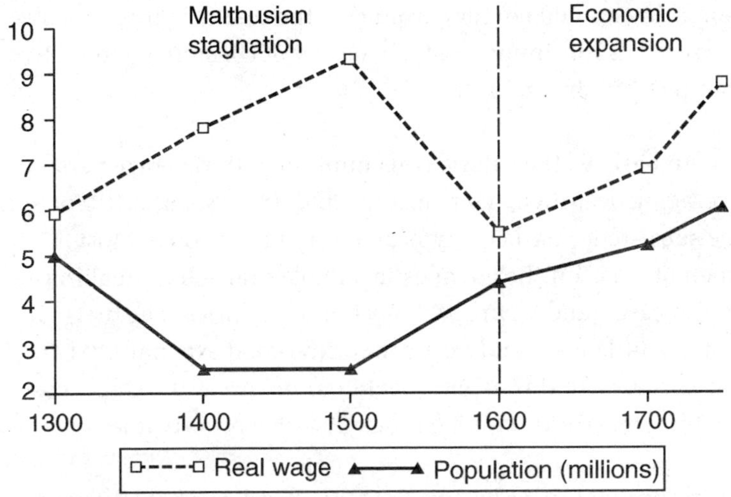

5. Population and the real wage in England, 1300–1750.

marked by Malthusian stagnation. When the population fell as it did in 1348/9 due to the Black Death, real wages increased in response to the scarcity of labour. When the population then rebounded as it did between 1500 and 1600, real wages dropped as labour was employed in lower and lower productivity tasks. There was no cumulative progress—only a cycle around bare subsistence. This pattern is typical of many pre-industrial economies.

After 1600, however, this pattern was broken—and that is the critical point. From 1600 to 1750, the British population grew steadily *and so did the real wage.* With the labour supply growing in these centuries, the wage could rise only if the demand for labour increased faster than the population. The demand for labour was growing due to the growth in cities and manufacturing, which, in turn, was due to Britain's growing commercial empire. Britain's pre-industrial economic growth led to rising real wages in Britain.

After 1600, British living standards began to pull ahead of those in the rest of the world. We can follow this development by comparing annual labour earnings to the cost of living, which is measured as the annual cost of a basket of consumer goods. Two examples are shown in Box 2.

In both baskets, the calorie consumption of the average person (averaging over men, women, and children) is set at 2,100 per day. The subsistence basket is typical of very poor people. Most expenditure is on the cheapest available grain—oatmeal in the British case—and it supplied most of the calories. The diet contains little meat and no alcohol. Non-food expenditures are low. Baskets like this using wheat flour or rice as the staple cost as much as the World Bank's famous $1-a-day poverty line.

The respectability basket, on the other hand, is what labourers in southern England aspired to. White bread replaced oatmeal, and there was meat and beer. The respectability basket cost at least twice as much as the subsistence basket.

Could a labourer buy enough of these baskets to support his family? We answer that question by dividing the earnings of a labourer, assumed to work full time, full year, by the annual cost of four baskets on the assumption that a family consisted of a father, mother, and two children. This 'subsistence ratio' is our measure of the real wage. A value of one indicates that a man earned just enough to keep his family at subsistence. Higher values indicate greater prosperity, while values less than one indicate crisis.

In 1770, a Witney weaver earned enough to buy almost three subsistence baskets, and, indeed, he earned enough to upgrade his standard of living to the respectability standard. If his wife spun part time, they made almost 50 per cent more than the cost of that basket. (By the 1820s this had all changed, for the wife had lost her spinning job, and the value of the man's earnings collapsed. They still had enough to buy the subsistence basket, but respectability was beyond their means.)

Box 2 How do we measure the standard of living?

We measure the standard of living as the annual income of a family divided by the cost of maintaining the family at a consumption level we set with a budget. Annual income either comes from a social table (see Boxes 5 and 6) or is estimated from a daily wage rate by assuming the person worked 250 days per year. Budgets defining the standard of living have been standardized. The 'respectability basket' and the 'bare bones subsistence basket' are shown here:

	Basket	
	Respectability: quantity per person per year	**Bare bones subsistence: quantity per person per year**
Oatmeal/grain		170 kg
Bread	182 kg	
Beans/peas	34 kg	20 kg
Meat	26 kg	5 kg
Butter/oil	5.2 kg	3 kg
Cheese	5.2 kg	
Eggs	5.2 kg	
Beer	182 litres	
Soap	2.6 kg	1.3 kg
Linen/cotton	5 metres	3 metres
Candles	2.6 kg	1.3 kg
Lamp oil	2.6 litres	1.3 lires
Fuel	5.0 MBTU	2.0 MBTU

(*Cont.*)

Box 2 Continued

The 'respectability basket' describes the consumption pattern of a respectable labourer in southern England in the 18th century. The 'bare bones subsistence basket' defines an austere standard of living that is the minimum needed for survival. The cheapest available grain is used in the calculation (for instance, oatmeal in Britain and maize in northern Italy), so bare bones subsistence baskets can be used to compare living standards around the globe. In both baskets the calorie level is set at 2,100 calories per day, and the quantity of grain is adjusted to ensure that outcome.

The table shows the yearly consumption of one person. Usually a family of four is assumed to have consumed four of these baskets, and the cost of those baskets is increased by 5 per cent to allow for rent when computing the family's annual cost of living. In this book when we refer to the cost of the basket, we mean the cost of the items in the table plus the rent allowance.

The ratio of the family's annual income to the cost of four baskets including the rent allowance is our measure of the standard of living. It indicates the number of baskets that the family can consume in a year. In practice, if they have a high income, they will upgrade their consumption pattern rather than spend all their money on the basic goods in the basket.

Figure 6 compares the real wages of labourers in leading European and Asian cities from the middle ages to the Industrial Revolution.

Real wages were similar across Europe after the Black Death, but then a great divergence emerged. Wages in London and Amsterdam remained high. Workers in those cities could buy several subsistence baskets for their families (although typically they upgraded their spending on food to include more meat, beer, etc.). In contrast real wages fell in Florence and Vienna.

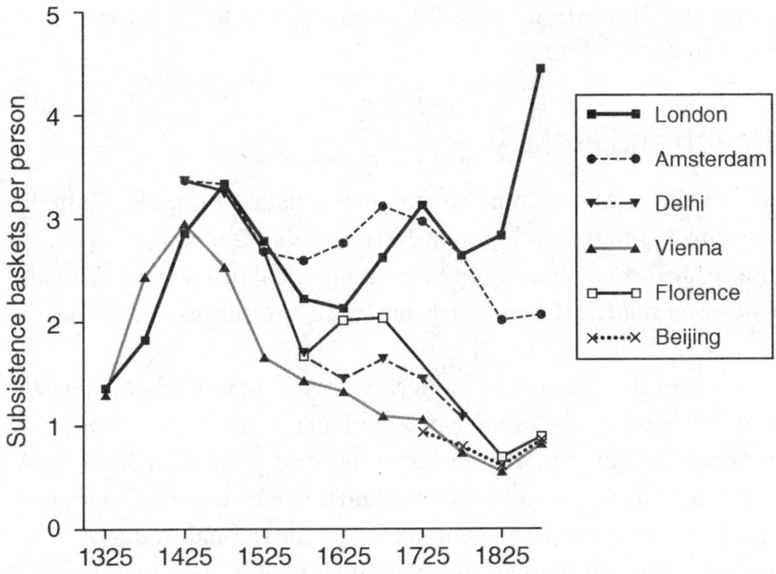

6. Wages relative to the cost of subsistence around the world.

By the 18th century labourers there could barely afford one subsistence basket. Workers in Beijing and Delhi received similarly miserable earnings. The difference between these cities was due to international trade. London and Amsterdam were booming ports and wages were very high. The population was growing rapidly as migrants were drawn in from the countryside. The demand for labour grew rapidly enough to sustain the high wage. In contrast, labour demand was static in most of continental Europe and Asia, so population growth drove wages down to subsistence. Britain's high wage economy had implications for many aspects of life during the early Industrial Revolution. One was consumption. Many fully employed British workers earned several times the subsistence level. They did not respond to this by buying several times the oatmeal shown in Box 2. Instead, they upgraded their consumption to the respectability basket. In addition, British workers purchased more manufactured goods—dishes, pictures, clothing, for instance. There was a consumer revolution in the 18th century, and British workers were in the thick of it.

Health and literacy

Well-being is based on more than just consumption. The United Nations Human Development Index combines income, health, and educational attainment to get a more balanced view. We can likewise broaden the comparisons for the pre-industrial period.

One of our best indicators for health is the height of adults. Since the 17th century, the average height of men has increased from perhaps 160 cm in many European countries to 180 cm in the USA and UK and 184 cm in the Netherlands. The increase in height is attributed to an improvement in the 'net nutritional status' of children, who do the growing. Net nutritional status equals the food intake of the child, which contributes to growth, less the nutrition that is needed for work, or to fight off and recover from illnesses. In the late 18th century, Britain was leading this upward advance.

According to military recruitment records, British men achieved an average height of 172 cm. In contrast, the average height of Italians dropped from 167 cm to 162 cm as their real incomes fell, and maize flour replaced wheat in their diets.

High wages also contributed to economic growth by increasing the skills and knowledge of the workforce. It is difficult to measure school attendance in the past consistently and comprehensively, but we make a stab at measuring literacy by studying the proportion of people who could sign their name to documents rather than simply make a mark. Box 3 summarizes the results of this indicator.

In 1500, literacy was low across Europe. Only in the cities could many people sign their name. By 1800 literacy had increased everywhere. The increases were greatest in north-western Europe. About two-thirds of the Dutch and half of the people in England

Box 3 How educated were Europeans?

There are no comprehensive statistics on schooling in pre-industrial Europe, but we can glean some information about educational attainment by counting how many people could sign their names to documents rather than make a mark. Many more people could sign in cities than in the countryside. Literacy was very low at the end of the middle ages and increased substantially by 1800. By the Industrial Revolution, it was common for boys to have a few years of education in a village school and then to learn a trade through an apprenticeship.

Many girls also received some schooling, but literacy was higher for men than for women. The averages that follow include both men and women:

Percentage of adult population that could sign its name

	1500	1800
England	6	53
Netherlands	10	68
Belgium	10	49
Germany	6	35
France	7	37
Austria/Hungary	6	21
Poland	6	21
Italy	9	22
Spain	9	20

Source: Robert C. Allen, *The British Industrial Revolution in Global Perspective*, 2009, p. 53.

and present day Belgium could sign their names. These regions were also leading in numeracy to judge by the precision with which people stated their ages. There are probably two reasons for this competence. First, England and the Low Countries were urbanized, commercial economies. It paid to be able to read and write in that environment (unlike on the farm), so there was a high demand for schooling in these countries. Second, schooling was not provided free by the state; it had to be acquired privately. Wages were high in north-western Europe, so parents had the financial means to educate their children.

Chapter 3
Why the Industrial Revolution was British

The Industrial Revolution was Britain's path breaking response to the challenges of the first globalization launched by the voyages of Vasco da Gama and Christopher Columbus.

There were several connections. First, the growth in world trade brought new products to Britain including Chinese porcelain and Indian cotton cloth. They were in high demand, and British firms sought to imitate them. Second, the growth in trade and empire opened new markets for British products, and the ensuing expansion of production and commerce generated unusually high wages and cheap energy. How to compete in that environment was the overriding engineering challenge that British industry so creatively met. Third, the commercial expansion and the rise in wages aided British industry in meeting the challenge of foreign competition by improving the health and strength of the workforce and by raising the returns to education and skill. The result was a rise in literacy, numeracy, and trade skills that underpinned the manufacturing sector.

The Industrial Revolution also drew strength from another source that had little to do with globalization—the Scientific Revolution of the 17th century. It contributed both new knowledge—in particular, the discovery of atmospheric pressure and the vacuum—and new attitudes and practices. People came to study the world, including technology, 'scientifically', and that approach brought rewards in the realm of invention. Breakthroughs were due to 'macro inventors', who thought outside of the box and created wholly novel technologies. The macro inventors were often leading scientists or were influenced and informed by them as students, associates, or friends. Many people were connected to the scientific vanguard through networks that diffused the knowledge and attitudes of the Enlightenment across a broad swath of British society, making it more technologically creative. The Royal Society, founded in 1660, was at the apex of this network, which also included provincial associations like Birmingham's Lunar Society as well as a myriad of coffee houses and similar venues where scientific demonstrations were performed. These communication channels, as well as the widely held belief that technology could be advanced by observation and reason, is referred to as the 'Industrial Enlightenment'. The formation of those networks and the adoption of those attitudes could, of course, have been responses to an increase in the profitability of invention, but proponents of the Industrial Enlightenment view of the Industrial Revolution see it as a cultural development whose origin lay in the Scientific Revolution and the broader Enlightenment rather than in economics.

Cotton

The cotton industry is a prime example of the transformative effect of Asian imports on the British economy. In the 17th century, the East India Company began shipping Indian calicos and muslins to England, and the fabrics were so popular that attempts were made to imitate them domestically. In the early 18th century, complicated and shifting import restrictions were introduced to protect the English woollen industry from Indian competition. These restrictions had the unintended consequence of creating a sheltered niche in which an English handicraft cotton industry could begin to operate. Its cloth was exported to Africa where it was bartered for slaves and competed against Indian calicos. English production remained small scale, however, until the production process was mechanized.

This got underway in the 1760s in spinning and printing but was not completed until the 1840s when the power loom drove the handloom out of business. By 1850, cotton employed one-sixth of the manufacturing workforce and accounted directly for 8 per cent of GDP. Eric Hobsbawm caught an important truth when he wrote 'whoever says industrial revolution says cotton'.

While the Industrial Enlightenment was present in the potteries and in the development of steam power, it was peripheral to the cotton industry, for the inventors in cotton were principally artisans without Enlightenment connections. Samuel Crompton (1753–1827), the inventor of mule spinning, was the son of a part-time farmer and weaver. While a youth, he was taught spinning and weaving. He attended school where he excelled in mathematics. This was typical of textile inventors and attests to the importance of widespread education. From the age of 16 he worked in secret for a decade to improve spinning machines. Apart from the textile trade, his activities were centred around the New Jerusalem Church, a Swedenborg congregation, rather than Enlightenment institutions.

Machinery was the secret of success in the cotton trade. It was developed in Britain in response to the country's high wages and gave Britain a competitive advantage for decades. The three main branches of the trade—spinning, weaving, and finishing—were all mechanized.

Once calico imports from India proved there was a market for cotton, hand spinning was begun. Merchants brought raw cotton to women who spun it on wheels in their cottages in return for wages (see Figure 7).

7. Irish cottage with handloom weaver and spinner.

The hours of labour to spin a pound (lb) of cotton increased with the fineness of the yarn. Wages were much higher in Britain than in India with the result that Britain could compete successfully with India only in the coarsest yarns, which required the least labour. To produce finer yarn, British firms needed to economize on labour, and that could only be done by inventing machines.

Many Britons responded to the chance to make a profit by trying to invent spinning machines. John Wyatt and Lewis Paul almost succeeded with roller spinning in the 1740s and 1750s, but their Birmingham mill ultimately went bust. James Hargreaves perfected his jenny in the mid-1760s, and it was the first successful machine. He was inspired by watching a spinning wheel rotate after it had fallen on its side. Afterwards, he contrived to run a row of vertical spindles off a common horizontal wheel using wooden clamps to pull the yarn in imitation of the spinner's fingers. In 1767, Richard Arkwright hired John Kay, a clockmaker, to make a machine using rollers, which took five years to perfect. Both Hargreaves and Arkwright also invented carding machines to prepare the cotton for spinning. Arkwright established a factory at Cromford to house his machines (see Figure 8).

He improved the layout when he built his second mill, and it became the prototype for cotton mills in Europe and the USA. A decade later, Crompton combined elements from Hargreaves' and Arkwright's designs to create the mule, which became the principal spinning machine in Britain in the 19th century. Once in operation, of course, the spinning machines were improved through 'learning by doing' as engineers observed their operation and perfected them. Hargreaves' and Arkwright's machinery made Britain the world's low cost producer of coarse yarn, and the mule made Britain the low cost producer of fine yarn as well.

A much debated question is why these inventions were made in England rather than in France or India. An economic explanation turns on wages and machinery prices. The first spinning machines

8. Factory spinning.

were an expensive way to save labour and not very good at it. In the late 18th century, spinners' wages were much lower relative to the price of equipment in both France and India than they were in Britain. The early spinning machines were profitable to use in Britain because the value of the labour they saved was high relative to the cost of the machine. They were not worth using on the continent or in India since the value of the labour they saved was very small relative to the cost of the equipment. Early spinning machines were profitable to use in Britain but not abroad, and that is why the Industrial Revolution was British.

History repeated itself in weaving. Hundreds of spinning mills were erected in the 1780s. The price of cotton yarn dropped sharply, and the weaving industry expanded to process all the yarn. Weaving, however, remained a cottage industry using traditional handlooms. Employment exploded, reaching a quarter million (10 per cent of the adult male workforce) in the early 19th century. As the labour market tightened, the wages of the weavers also leaped up, and the 1790s and first decades of the 19th century witnessed 'the golden age of the handloom weaver'. The Reverend Edmund Cartwright, the only cotton inventor with arguably Enlightenment connections—he came from a landed family, attended Magdalen College, Oxford, and was a member of the Society of Arts and the Board of Agriculture—thought it would be simple to design a weaving machine. He was inspired by automatons—the clockwork dolls that mimicked the movements of humans. If a mechanical woman could play a harpsichord, perhaps she could also weave calico? The task proved to be immensely complex. Cartwright wasted his family's fortune working on it for decades, and other inventors took up the challenge. It was not until the 1820s that the power loom was improved sufficiently to challenge the handloom weavers.

In both spinning and weaving, the cottage mode of production contained the seeds of its own destruction. When the cost and demand situation was favourable, the cottage mode responded with large increases in employment and output. As employment approached the limits of the available labour force, the earnings of people with the necessary skills rose, and those high wages became the target of inventors, for the high wages meant that even comparatively poorly designed machines could turn a profit.

Weaving was not the final stage in the manufacture of cloth. It had to be finished.

Much of the enthusiasm for Indian calicos in the 18th century stemmed from the brightly coloured designs that decorated the cloth. The English imitated the look with different methods. Indian cloth was usually hand painted, while the English used a more capital intensive approach. Initially patterns were printed from wood blocks with the result that 'the drawing of one clever designer could be reproduced by many less skilled workmen, whereas the Indian must both design and execute his own work'.

By the 1760s, copper plates had replaced the wooden blocks, but the latter were still general on the continent.

Numerous attempts were made to make the process continuous by printing from cylinders. Commercial success was achieved in 1783 with Thomas Bell's design.

The course of invention in all branches of the industry responded to the high wages earned by British workers in the 18th century. Wherever possible, the British opted for a more capital intensive method than the Indians employed. In Britain, the savings in labour costs outweighed the increase in capital costs since wages were high. That was not true in other countries with lower wages. As a result, machine technology cut production costs in Britain without conferring the same advantage on its competitors. The upshot was that by the 19th century, Britain had the most competitive cotton industry in the world.

Britain's share of world cotton textile production rose from a negligible fraction in 1750 to 30 per cent in 1880. Much of this expansion was at the expense of producers in Africa, the Middle East, and India.

The invention of the factory

Textile machinery was housed in mills, and cotton mills were the most common type of factory in Britain in the 1780s. Factories were hallmarks of the new age, for they implied many wage labourers working together on a single site rather than self-employed artisans toiling in their separate cottages. A centralized power source driving the machinery was one reason why production was concentrated, but it was not the only one. The division of labour, skill acquisition, supervision, and quality control were other considerations. The growth of the cotton industry gave a big boost to the factory, and the factory mode of production was adopted in many other industries as well, so it deserves a further look.

Making hats was an unglamorous industry that nonetheless achieved a high rate of productivity growth. This was achieved with the factory mode of production.

The Christy hat factory in Bermondsey in the early 1840s is a good illustration. The factory employed 1,500 people and was the largest hat factory in the world. This establishment 'well illustrates the economy of a large factory' in two respects. The first was effective organization—'the concentration of many departments within the walls of one establishment, the division of labour, the exercise of delegated authority by foremen to each department, and a general supervision of the whole by the proprietors'. The second source of high productivity was the use of machinery. The factory had a 10 horsepower (HP) steam engine that drove machines located around the site via a system of shafts and belts. Some tasks had been mechanized while others were done by hand and relied on the skill of the workers.

When wool entered the factory, it was washed—apparently by hand. Water was expelled, however, from the wool with a large screw press. The wool was dried and then it was carded with the kind of machine used in the textile industry. Likewise, furs were washed and their large hairs were removed. This was a hand operation.

> A number of women, seated on stools, are employed in pulling out the coarse outer hairs from the skins... Each woman lays a pelt on her lap, or on a low bench, and, by means of a knife acting against the thumb, tears out the larger hairs.

Next, the fur was removed from the pelts, again by women, but now operating power driven cutting machines that sliced off the hairs. The fine hair was separated from the coarse hair with a centrally powered blowing machine. A fan turned at 2,000 revolutions per minute, and the air blast carried the lighter fur further than the heavier fur, thus effecting the separation. The next step, in which wool and fur were turned into felt, depended on highly skilled labour rather than machinery. The materials were laid on the bench,

> and the bower, grasping the staff of the bow with his left hand, and plucking the cord with his right...causes the cord to vibrate rapidly against the wool and fur....All the original clots or assemblages of filaments are perfectly opened and dilated, and the fibres, flying upwards when struck, are by the dexterity of the workman made to fall in nearly equable thickness on the bench, presenting a very light and soft layer of material

ready for felting. 'Simple as this operation appears to a stranger, years of practice are required for the attainment of proficiency in it.' The production process continued to alternate between highly skilled hand activities, less skilled activities, and machine processes until the hats were completed.

The Bermondsey factory illustrates the subdivision of production into a sequence of tasks requiring different degrees of skill, which were acquired through experience, and which were remunerated at different rates. Quality was checked by supervisors, and machinery was installed where a high capital labour ratio lowered costs. We know that the degree of mechanization was carefully thought out. In the 1830s, wages in the USA were already higher than in the UK, and American hat manufacturers had invented a more highly mechanized system than Christy's employed. Although Henry Christy was familiar with American technology from 1833 at the latest, his firm did not adopt the full-blown American system until the 1860s, in part, as he explained, because 'the rate of labour is much greater and the savings consequently greater' in the USA than in the UK.

Steam

Energy in the pre-industrial world came from the exertions of humans and animals, from burning organic fuels like firewood and charcoal, and from the power of wind and flowing water. Modern economic growth required more potent sources and the first to be harnessed was coal. Initially, it was burnt for heat in London in the late 16th century. In the 18th century, coal's thermal energy was converted to mechanical power through the steam engine. Pumping water out of mines was the first application. Engines were gradually improved in the next hundred years, but their economic impact was slight until the development of efficient, high pressure engines around the 1830s. These were applied widely to power industry and transportation. By the middle of the 19th century, the revolutionary potential of steam power was realized, and it made a significant contribution to economic growth.

The invention—and perfection—of the steam engine was closely connected to the Scientific Revolution, both in terms of the application of new knowledge and in terms of cultural and institutional connections to the scientific establishment. The wide availability of schools and technical training through apprenticeships were also important since the development of steam technology required many artisans and engineers from modest backgrounds.

The steam engine was an important application of knowledge discovered by 17th-century scientists. The science began with Galileo, who was the first to suspect that the atmosphere had weight. The idea occurred to him when he studied the problem of draining mines, and he noticed that suction pumps would not lift water more than about 30 feet. He got his secretary Evangelista Torricelli to work on this problem. Torricelli invented the mercury barometer and weighed the atmosphere. In 1672, von Guericke of Magdebourg weighed the atmosphere with a vertical cylinder containing a piston rising from the top of a cylinder. A rope was tied to the piston and looped over a pulley and held a platform on which van Guericke put weights. He found that by pumping the air out of the cylinder, the atmosphere pushed the piston down and raised the platform. He could offset that rise and weigh the atmosphere by putting weights on the platform. In 1675, Denis Papin eliminated the vacuum pump by filling the cylinder with steam and then condensing it. Papin had invented a proto-steam engine.

The von Guericke experiment was similar to the first successful steam engine invented by Thomas Newcomen in 1712 (see Figure 9).

Newcomen's engine also had a vertical cylinder and piston. Instead of the pulley, there was a balance beam, and the weights were replaced with a pump to drain water from a mine. By filling the cylinder with steam and then condensing it with a squirt of cold water—Newcomen's famous 'cold water injection'—the atmosphere pushed the piston down and raised the pump. Newcomen had found a way to raise water—and make money—from the weight of the atmosphere.

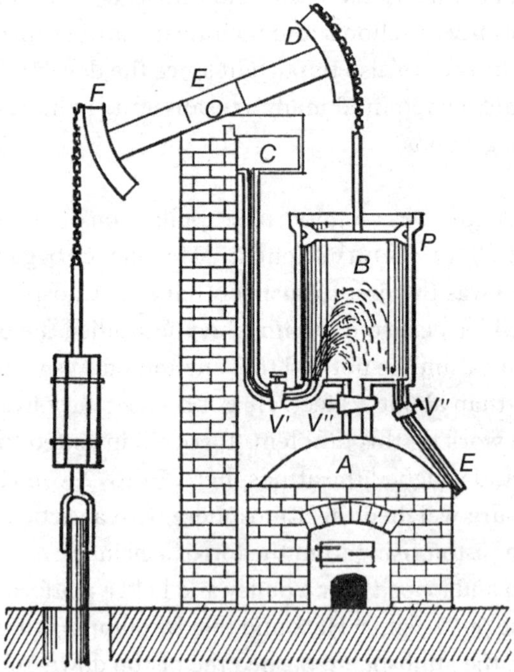

9. Diagram of Newcomen steam engine.

At one time, historians of the steam engine thought that Newcomen was wholly innocent of the science of the atmosphere, but in recent years that view has shifted, and it is now recognized that Newcomen probably did know what natural philosophers had discovered. The conduit was Thomas Savery, Fellow of the Royal Society, who knew the science. Savery invented a steam pump and visited Dartmouth to promote it. He probably met Newcomen there. They certainly had at least one friend in common. So it is likely that one of the greatest inventions of the Industrial Revolution really was science in action.

The science underlying the steam engine was pan-European (the leading scientists were Italians, Germans, and French), but the research and development (R&D) was carried out in Britain by an Englishman. The reason is that Britain was the only place where it was profitable to use the engine on a large scale, for two reasons. First, the main use of the engine was to drain mines, and Britain had the largest mining industry in Europe thanks to coal. Second, the engine used prodigious amounts of fuel, and coal mines offered cheap fuel. John Theophilus Desaguliers, a leading engineer in the early 18th century, observed:

> where there is no water [for power] to be had, and coals are cheap, the Engine now call'd the Fire Engine, or the Engine to raise the Water by Fire, is the best and most effectual. But it is especially of immense service (so as to be now of general use) in the Coal-Works, where the Power of the Fire is made from the Refuse of the Coals, which would not otherwise be sold.

The reason it was profitable to develop the Newcomen engine in Britain was because there were coal mines to be drained.

Newcomen's engine was the macro invention that began a technological trajectory.

In the next century and a half, the engine was perfected by many of the most famous engineers of the Industrial Revolution.

Consumption of all inputs was reduced including coal, which was cheap in Britain. Fuel consumption dropped from 44 lbs of coal per HP-hour in 1727 to 3 lbs in 1847. This improvement was a triumph for British engineering, although it undermined the country's competitive advantage by turning the steam engine, which had mainly benefited Britain in the 18th century, into a technology that could be used anywhere in the world. Once the coal consumption was reduced to 3 lbs per HP-hour, the price of coal was of little importance to the commercial application of the engine. British engineers had invented the 'appropriate technology' for everyone else.

An intellectual result of the Industrial Revolution was the image of the inventor as an Inspired Genius. This was no accident: middle-class propagandists promoted James Watt as a genius of invention—and, thus, a guarantor of the nation's prosperity—as a counter to the military genius of the Duke of Wellington, who not only defeated Napoleon but then became the political leader of the landed classes. In fact, invention occurred in many ways besides a genius having a brilliant idea. Much of invention consisted of painstaking engineering that turned often banal ideas into products or processes that worked reliably and cheaply. This was certainly the case in textiles. Thomas Edison's quip that 'invention was 1% inspiration and 99% perspiration' contained an essential truth. 'Learning by doing' was also important as engineers and managers observed how machines and production processes worked in practice and found ways to improve them. Sometimes businesses exchanged information (intentionally or otherwise) so that the advances made by one firm could be carried forward by another. The result was collective invention.

The history of the steam engine illustrates the different ways in which invention can be organized, and the importance of both the elite inventors of the Enlightenment and artisan inventors without connections to high level science. The steam engine was invented by Newcomen, a Dartmouth ironmonger, who did secure a patent in conjunction with Thomas Savery, FRS (Fellow of the Royal Society), to realize some gain. Fuel consumption fell from 44 lbs per HP-hour in 1727 to 30 lbs per HP-hour in 1769, probably because of collective invention as operators shared their results and built on each other's experience.

Consumption dropped again from 30 lbs to 17 lbs. This was the result of research by John Smeaton, FRS. Smeaton collected the records of fifteen engines—their owners did not keep them secret—and analysed them to determine the most efficient design. Smeaton did not patent his findings. He profited from his research through consulting contracts. Smeaton was a leading light in the Industrial Enlightenment.

The next advance was due to James Watt, FRS, whose famous separate condenser cut fuel consumption from 17 to 9 lbs. The first engine with a separate condenser went into service in 1776. Watt was certainly motivated by personal gain and obtained a patent on his condenser in 1769. Watt's career illustrates the two-fold nature of patents: it provided him with a reward for invention, but it also stifled later progress since he used his patent to prevent other inventors from experimenting with compounding cylinders. Engineering progress was retarded until Watt's patent expired in 1800.

Watt is also an example of the importance of social connections linking scientists and practical engineers. Watt was born in Greenock and was sent to Glasgow at the age of 18 to learn the trade of mathematical instrument maker. He stayed initially with his mother's family, and it was through her relative George Muirhead that Watt was introduced to members of Glasgow's scientific and cultural elite. He became a close friend of Robert Dick, future Professor of Natural Philosophy, and Dr Joseph Black, Professor of Medicine.

After a year's training as an instrument maker in London, Watt returned to Glasgow in 1757 and was allowed to open a workshop at the university where he made instruments for Joseph Black. Black's scientific research concerned heat, and he conceived the concept of 'latent heat', which he offered to Watt as an explanation for the success of his separate condenser.

Later Black took a chair at Edinburgh and set himself the task of developing the Scottish economy by applying scientific knowledge. He worked with industrial entrepreneurs. Black became a lifelong friend of Watt. Watt raised capital for his business ventures by forming partnerships with Black and other members of Black's circle like John Roebuck, who also hired him to erect one of his first steam engines at a coal mine in Kinneil. The Scottish scientific-industrial complex is the premier example of the Industrial Enlightenment, and Watt took advantage of its connections to deepen his ideas and further his inventions.

The next advance in steam power was effected by Cornish engineers who designed the famous Cornish pumping engines to drain copper and tin mines. Their goal was to save fuel, which was very expensive since coal was brought from South Wales. The problem was heightened by the expiry of Watt's patent in 1800, for Watt then withdrew his engineers from Cornwall, and engine efficiency dropped sharply. The mine owners did not want to pay Watt for advice, so they banded together to solve their problems themselves. Details of design and fuel consumption for all engines were ascertained monthly and published in *Lean's Engine Reporter*. In that way, engineers could learn from each other's experience, and Cornish engines were perfected over the next decades. This was collective invention on a grand scale, and it created the most efficient pumping technology ever seen. Patents were not necessary for progress. The engineers who accomplished these improvements did it without Enlightenment connections.

Ceramics

Porcelain is a prime example of the way in which Asian imports stimulated the Industrial Revolution. In the medieval and early modern eras, China had a large porcelain industry that exported exquisite vases, platters, and other goods around the world. Many of these were decorated with blue patterns on a white background, although other colours were also used. Porcelain production was initiated in England in the mid-18th century.

Starting a ceramics industry in a new country at that time was technically difficult since chemistry was in its infancy, which meant that the properties of the local raw materials could not easily be determined nor could the production methods be adapted through routine scientific methods. Knowledge of these matters was tacit and embodied in the artisans in the industry. These challenges were met through a stream of improvements starting in the mid-17th century. After foreign products were successfully imitated, progress was pushed forward by both famous and less well known potters.

The history of ceramics also lends support to the Industrial Enlightenment view that the advance of science gave impetus to technical progress through contacts with leading scientists and (more importantly) through the application of the scientific method to the perfection of manufacturing methods. Indeed, ceramics was one of the first industries in which modern, scientific knowledge replaced the artisan's tacit understanding.

In the mid-17th century, English ceramic production was in a primitive state. Most domestic production was cheap, locally produced earthenware. High end demand was met with imports of Chinese porcelain, and substantial quantities of salt glazed stoneware were imported from the Rhineland and sold to middle and lower class households.

The first steps towards establishing a British industry were taken by John Dwight (1633–1703), who is an excellent example of the Industrial Enlightenment pushing technology forward. Dwight was the son of a yeoman but had such academic promise that he was admitted to Oxford University where he studied law and chemistry, and worked in Robert Boyle's laboratory. He took his degree in law, however, and worked as an ecclesiastical official until 1669 when 'having tryed many experiments he concluded he had the secret of making China Ware. Thereupon he sold his [clerical] Office, came to London, was encouraged therein by Mr Boyl and Dr Hook.' He tried to manufacture all types of pottery imported into Britain. While he was unsuccessful in producing porcelain, his experiments unlocked the secret of manufacturing salt glazed stoneware. This was no mean achievement since it required the identification of suitable raw materials, the invention of a high temperature furnace, and discovery of the correct method of applying the salt glaze. Dwight patented his process and tried to keep it secret but was unsuccessful as his employees quit and founded competing firms. Dwight was responsible for the establishment of the salt glazed stoneware industry in England.

China exported porcelain across Eurasia, and people in many countries tried to produce it locally. The Ottoman Turks, for instance, made a fritware imitation. In the 15th century, potters in Iznik created a novel process using local materials that featured doubly fired cobalt blue patterns on a white underglaze. In the next two centuries, they expanded the colour range and exported large quantities to the Middle East and Europe. In the 18th century, however, the industry slid into decline without sparking an industrial revolution. In Europe, August the Strong, Elector of Saxony, was an avid porcelain collector and promoted research by Ehrenfried Walther von Tschirnhaus (another example of the Industrial Enlightenment, although a German) and the imprisoned alchemist Johann Friedrich Böttger. In 1708, they succeeded in making true porcelain, Saxon sources of

China stone and China clay were discovered, and the Meissen industry was born.

In England, it was another exemplar of the scientific culture, William Cookworthy (1705–80), who finally succeeded in producing hard paste porcelain. He was a successful apothecary. In the 1740s, he discovered deposits of China stone and China clay in Cornwall on land owned by Thomas Pitt, nephew of William Pitt the Elder and later First Baron Camelford. Pitt was not notable for his scientific interests, but he did finance Cookworthy's patent application and the experimental work to perfect the manufacturing process—presumably to raise the value of the minerals on his estate. Cookworthy had numerous scientific acquaintances including John Smeaton, who lodged in his house while building the Eddystone lighthouse (1756–9) and Captain James Cook and Joseph Banks, who dined with him in 1768.

Josiah Wedgwood (1730–95) was another paradigm of the Industrial Enlightenment, and he took English manufacturing to even higher levels of sophistication. His family were potters, and he was apprenticed to the trade. Nonetheless, he picked up the scientific idea that knowledge was gained though experiments, and he conducted 5,000 to find better materials and processes. He invented a pyrometer to measure temperatures more accurately, which led to his election to the Royal Society. He established a successful manufacturing business and led the industry in introducing new products like Queen's ware (an improved creamware), basalt ware, and jasper ware. As well as tableware, he produced medallions, ornaments, and vases. He was a great marketeer.

Dwight, Cookworthy, Wedgwood... This looks like the Industrial Enlightenment in action. However, while these lunimaries made decisive contributions to the development of English pottery, they were not alone. The set of inventors was broader in two respects.

First, many inventions were made by people with only trades backgrounds and without Enlightenment connections. Wedgwood made his early money selling creamware, which became a staple of the English potteries for a century. Creamware was invented by Enoch Booth in the 1740s. Booth was the son of a butcher and apprenticed to a potter. Booth also invented the double firing process around 1750. He was the first to glaze a pot, fire it, paint a picture on the surface, and then fire the pot again with a clear glaze on the exterior to protect the image. Another inventor from a humble background was Josiah Spode I (his grandfather was a 'coal getter') who apprenticed with Thomas Whieldon. Spode perfected under glaze transfer printing in 1784 and developed bone china, a project that was finished by his son Josiah II. The famous inventors like Dwight and Wedgwood worked in an industry made up of independent artisan producers many of whom were making equally valuable contributions to technical progress. Indeed, one might try to subvert the Industrial Enlightenment by reclaiming Wedgwood for the artisans. He was, after all, engaged in his experiments on ceramics when he was only 24 years old and working with Thomas Whieldon. Wedgwood did not read his first paper to the Royal Society until he was 52. From the point of view of the artisans, the Royal Society showed good taste in celebrating one of their leading lights, but the impetus for his discoveries and achievements came from below, not from above.

Second, pottery technology developed through collective learning as well as through the efforts of inspired geniuses and R&D entrepreneurs. While artisans often tried to keep their improvements secret, this proved difficult since employees took the knowledge with them when they left the firm. The result was collective invention despite the efforts to suppress it. Technological progress in ceramics did not depend exclusively on the deeds of leading figures. The pervasiveness of collective invention is a second qualification that must be made to the inspired genius model as applied to the potteries.

It was one thing to design pretty pots, but it was another to make them cheaply.

Innovation in pottery was directed as much towards the latter as the former. England developed methods that differed fundamentally from those used in China. In both countries, technology evolved in the direction of reducing the use of expensive inputs while increasing the use of cheap ones. First, English manufacturers reduced the employment of skilled labour by adapting machinery developed for other industries. Wedgwood, for instance, installed lathes to turn the cylindrical parts of vases. Second, transfer printing was invented. In China artists painted the design on each piece. This was the first system used in England. It was very expensive. Transfer printing cut costs in England by substituting capital for labour. In transfer printing the design was engraved on a copper plate, which was then used to print the pattern on tissue sheets. While the ink was still wet, a sheet was laid on a previously glazed pot to which the ink then adhered, transferring the design to the pot. John Sadler, an English printer, and John Brooks, an Irish engraver, independently invented the process in the 1740s. The ink, however, wore off. The solution was to apply a second layer of glaze over the ink image and fire the pot again. John Wall, a physician and founder of the Worcester Porcelain Company, developed transfer printing with blue ink under glaze in 1757, and John Spode refined the technique, as noted, in 1784. The famous blue-on-white willow pattern, first engraved by Thomas Minton in 1780, was a transfer print (see Figure 10).

Third, although capital was substituted for expensive labour in the English potteries, it was not used indiscriminately, as a comparison of English and Chinese kilns shows.

English kilns were built to economize on capital and were profligate in their use of energy. English-style kilns had a coal fire in the bottom. The heat rose, enveloped the pots, and then vented out of the furnace through a hole in the top. Much of the energy

10. Plate decorated in willow pattern.

was wasted. The English kiln was cheap to build but not thermally efficient. In contrast, the Chinese kilns used lots of capital to preserve energy. They consisted of a series of chambers rising up a hillside. A fire burned at the entrance to the lower chamber where the heat was drawn in to bake the pots. The heat was not vented out of a hole in the top in the English manner. Instead, it was forced down through a hole at floor level and entered the next chamber up the hill. The heat was reused in chamber after chamber, so it was not wasted. This design, of course, equated to more capital. Pottery kilns, therefore, are another example of the way in which technology was designed in response to the cost of capital, fuel, and labour. In this case, expensive fuel in China led to the substitution of capital for energy, in contrast to English practice.

The final avenue by which the English cut costs was in the growth of factory production in the potteries. Wedgwood's Etruria mill was a leader. It was based on the division of labour, but, unlike cotton weaving mills, the aim was less to substitute unskilled women and children for male artisans, and more to upgrade skills by training people for artistic jobs. In addition, machinery was used, as noted, to raise labour productivity in tasks that could be done by lathes, for instance. Finally, inspection and quality control were obsessions.

The end of the Industrial Revolution

In some accounts, the Industrial Revolution ended around 1830, but in our view it had another generation to run. The progress achieved by 1830 was far from balanced. The cotton industry was very large; spinning was wholly mechanized; and the power loom was forcing the handloom onto the scrap heap of history. The technology of iron production had also been revolutionized, and an engineering industry had developed that supplied machinery mainly to the textile industry. There was some progress outside of these sectors—machinery was used in the production of candles and hats, as we have seen—but much of the economy was as yet untouched.

This situation changed between 1830 and 1870 as modern technology spread across the economy. An important indicator was the growing use of steam. At the beginning of the 19th century, most steam engines were installed in mines for draining. Industry was powered by water. In 1830, steam and water were equally important sources of power with 165,000 HP of each. By 1870, water power had increased to 230,000 HP while steam leaped to 2,060,000 HP. The increased use of steam was due to better fuel efficiency and the development of high pressure engines which were lighter and cheaper than the low pressure engines of Newcomen and Watt.

One advantage of a steam engine was that it was potentially mobile, unlike a water wheel. All early experimenters with high pressure steam tried to power a vehicle, but the results were unsatisfactory due to the poor condition of the roads. One solution was to put the engine on the rails commonly used to bring coal and ore out of mines. Richard Trevithick built the first steam locomotive that hauled minerals on the tramway of the Penydarren Ironworks in Wales in 1804. There was a market for locomotives in colleries, and their designs were gradually improved as engineers tried out alternative configurations and learned from experience. The great turning point was George and Robert Stephenson's *Rocket*, which won the Rainhill trials in 1829. They were awarded the locomotive contract for the Liverpool and Manchester Railway, which was the first general purpose railway and inaugurated a frenzy of construction. By 1867, 12,000 miles of track were in operation.

Railways were laid around the world and contributed to the integration of world markets.

Another solution to the problem of bad roads was to put the engine on a boat. Robert Fulton built the first commercially successful steam ship, the *Clermont*, which sailed the Hudson River in 1807. Crossing oceans was a bigger challenge. An issue was, again, the thermal efficiency of the engines, for a ship had to carry the coal it needed for its voyage, so the less efficient the engine, the more carrying capacity had to be devoted to coal rather than freight, which would bring in revenue. Isambard Kingdom Brunel's *Great Western* established that a ship could cross the Atlantic in 1838 and his *Great Britain* was the first iron ship driven by a screw propeller. The transition from sail to steam was gradual and depended on improvements in engine efficiency.

By the end of the 19th century, steam finally replaced sail on the longest route from Britain to China. As steam use increased, so did the integration of the world economy.

Between 1830 and 1870, steam driven machinery displaced human and animal labour in activities across the economy. Portable steam engines drawn by horses provided power on farms in the 1850s and were superseded by the traction engine (1859). In 1865 it was equipped with a roller and was used for road surfacing. Steam powered sawmills were replacing two men and a saw from the 1820s onwards. The pug mill replaced heavy manual labour in the mixing of clay for brick making and pottery. Bricks were formed with mechanical extruders rather than by hand. And so forth in industry after industry.

Steam power contributed very little to the growth in aggregate labour productivity before 1840. The greatest contribution came between 1850 and 1870, and coincided with the construction of railways and the spread of factories and machines across the range of British industries. Hand work disappeared and was replaced by higher productivity, higher paid factory work in the middle years of the 19th century.

Chapter 4
The condition of England

The last chapter was about the benevolent face of the Industrial Revolution. Now we turn our gaze to its dark side and consider why this upswing in technological progress caused such widespread suffering for so many people for so long. We begin with a broad question: how did the technological revolution change the structure of society?

Class structure

We can answer the question with social tables. A social table divides society into status or occupational groups, and the number of households in each group and their average incomes are specified. Gregory King prepared the first table for England in 1688. It was well-known and defined the genre. Massie updated King's table in 1759, Colquhoun revised it extensively to describe England as revealed by the first census in 1801 (although I date his table to 1798), and Smee and Baxter made further revisions using the occupational data in the censuses of 1841 and 1861, as well as information from income tax returns. Since investigators relied on varying sources of information and employed different occupational breakdowns, comparison across tables is not simple. Historians have addressed this problem by amending the tables with recently compiled information on the occupational distributions and the incomes, etc. Exact comparability is unlikely, but social tables do reveal major trends in the evolution of society.

Box 4 summarizes the major social tables by reducing the various occupations and statuses to six groups that can be traced across the Industrial Revolution.

The 18th-century tables did not include Scotland, and this specification has been continued throughout to ensure consistency. This is unfortunate; however, calculations with 19th-century data show that the ratios for Great Britain differ very little from those for England and Wales shown here.

The 'landed classes' formed the top group, owning most of the land in England, and agricultural rent formed the bulk of their income. Like all of the groups, this one was diverse. It included the king or queen, the peers of the realm, the gentry, and also the parish clergy of the Church of England, who were supported by glebe estates. The landowners also included the small number of university fellows who were supported by college properties. The landed classes were never more than 2 per cent of the population, and the proportion stayed roughly constant over time. The increase from 30,000 to 50,000 shown in Box 4 probably reflects the inclusion of female property owners in 1846 and 1867 who had been left out of the earlier counts. The landed classes were the wealthiest group in the country.

Box 4 How did England's social structure change over the Industrial Revolution?

In the table that follows, the English population is divided into six classes that can be followed from Gregory King's social table for 1688 to Dudley Baxter's table for 1867. The table shows the number of households (called 'families' in the early social tables) in each category in each year. Households included servants as well as related individuals. The landed class, that owned most of the real

(Cont.)

Box 4 Continued

estate in the country, was always small. The working classes were always the largest, and grew immensely during the Industrial Revolution. The middle classes, however, grew even faster. The number of farmers declined relative to the other groups as industry expanded. Paupers increased in number during the 18th century, and then declined slightly as industry grew, and the Poor Law was made more stringent.

	1688	1759	1798	1846	1867
A. Number of families or households					
Landed	31,626	29,070	38,704	52,986	50,695
Bourgeoisie	60,128	84,000	95,879	363,932	436,493
Lower middle	114,602	188,000	252,640	649,396	884,450
Farmers	402,440	379,008	320,000	243,130	223,271
Workers	980,863	1,128,247	1,804,567	2,598,299	3,668,936
Cottagers & paupers	161,672	192,310	439,897	320,648	317,726
Total	1,751,331	2,000,635	2,951,687	4,228,393	5,581,571
B. Distribution of families or households (%)					
Landed	1.8	1.5	1.3	1.3	0.9
Bourgeoisie	3.4	4.2	3.2	8.6	7.8
Lower middle	6.5	9.4	8.6	15.4	15.8
Farmers	23.0	18.9	10.8	5.7	4.0
Workers	56.0	56.4	61.1	61.4	65.7
Cottagers & paupers	9.2	9.6	14.9	7.6	5.7

Source: Robert C. Allen, 'Revising England's Social Tables Once Again', *Oxford University, Working Papers in Economic and Social History*, Number 146, 2016.

The next richest group was the 'bourgeoisie', which included the large-scale capitalists, bankers, merchants, lawyers, high officials, and investors. They already outnumbered the landed classes in 1688, and their number grew seven-fold during the Industrial Revolution. Their share of the population increased from 3 per cent to about 8–9 per cent over the period.

The third group was the lower middle class. In the 18th century, they were overwhelmingly shopkeepers and tradesmen. Typically, their businesses involved manufacturing as well as selling. They were 'the butcher, the baker, the candle-stick maker'. The lower middle class also included teachers, and in 1800 Colquhoun recognized another occupation—clerks. As the Industrial Revolution unfolded, more and more professional, educational, supervisory, and other salaried 'white collar' jobs were created. This category increased almost eight-fold from 1688 to 1867.

The fourth group, farmers, formed a declining share of the population. In 1688 there were close to 200,000 smallholdings held by husbandmen and yeoman, and cultivated by them and their families. The other 200,000 were larger farms mainly leased from great estates and cultivated by hired labour. The number of farms declined in the 18th and early 19th centuries as yeoman holdings were amalgamated into large farms. Agriculture was a declining sector during the Industrial Revolution.

The fifth group was the largest—workers. In the 18th century, they included servants, who were hired by the year and lived with their employers, labourers hired by the day, and many craft workers, who were usually paid by the piece or the job, and merged into independent contractors. Many of the artisans worked in their cottages. The Witney weavers are an example. Building workers, miners, and sailors, of course, worked on sites away from home.There were as many jobs in agriculture as in the rest of the economy.

This 'manual working class' was the largest group in the English economy. It grew by a factor of almost four during the Industrial Revolution. Most of the new jobs were non-agricultural. The character of work changed significantly as the independent craftsman working with hand equipment in his or her cottage gave way to machine operators employed in the new factories.

The poorest group were only partially employed, if they worked at all. In 1688 this group comprised almost one-tenth of the families. King referred to them as 'cottagers and paupers'. King put their incomes at subsistence, which means they were probably not working full time. In the 19th century, the poor were those who received poor relief. The share of the population who were paupers was constant to 1759 and then increased as the population expanded, the employment opportunities for women as spinners declined, and food prices rose as agricultural output lagged behind population. The decline in the number of poor shown in the table between 1798 and 1846 is the consequence of reforms to the Poor Law, which made it harder to get relief. The decline was thus spurious. However, the further decline to 1867 in the fraction who were poor probably reflected a rising demand for labour.

We can also use the social tables to track the incomes of these groups. This can be done either in terms of earnings or purchasing power. Box 5 shows the average income of an *earner* in each group.

Households could, and did, have multiple earners, for instance, when the husband wove, his wife spun, and their son toiled in a mill. The standard of living implied by these earnings depended on the prices of the goods that people consumed. There are many ways to measure those prices, and here we measure them as the cost of a basket of subsistence goods defined earlier. Dividing earnings per *person* in the household by the cost of the basket adjusts earnings for price changes and shows how many baskets each person could consume in a year (Box 6).

Box 5 How much did people earn?

There was at least one person in each household who brought in some money, and often there was more than one. 'Earners' in this sense were people who worked for wages or salaries, ran businesses, received dividends, interest on investments, rents from lands that they leased out, or poor relief. The incomes in the table that follows equal the total income earned by the class divided by the total number of earners in the class.

Average annual income per earner in £s

	1688	1759	1798	1846	1867
Landed	271.49	452.78	756.49	603.93	678.57
Bourgeoisie	175.38	145.37	525.45	441.23	466.29
Lower middle	24.47	27.17	64.79	111.64	75.00
Farmers	15.89	21.57	48.75	121.39	159.22
Workers	12.59	13.58	22.68	26.31	31.83
Cottagers & paupers	3.15	3.62	3.67	5.31	7.20
Average	19.91	23.14	40.29	57.30	65.66

Source: Robert C. Allen, 'Revising England's Social Tables Once Again', *Oxford University, Working Papers in Economic and Social History*, Number 146, 2016.

Throughout the period, the highest earning group were the landed classes. This privileged circle spanned the range from Jane Austen's Mr Darcy, with an income of £10,000 per year, which would have been near the apex of English society, to Mr Collins, the distasteful vicar, who took in perhaps £120. By the 1860s, Box 5 probably understates the income of this group since it assumes they were only receiving agricultural rent, and thus it

Box 6 How high was the standard of living and did it rise?

The standard of living is measured by 'real income'. First, income per person is calculated by dividing the total income of each class in each year by the total number of people in the class, including men, women, and children. The result is called 'nominal income per person'. 'Nominal income' is converted to 'real income' by dividing it by the cost of the subsistence basket defined in Box 2. The result is the number of subsistence baskets that each person in each class could buy in each year. In 1688, that ranged from just over one for cottagers and paupers up to almost thirty-one for the average member of the landed classes. The latter did not consume thirty-one times the amount of oatmeal porridge in the subsistence basket. Some of those baskets were used to hire servants, builders, and craftsmen. Others were traded up for better quality food and fine clothing. Over the Industrial Revolution, the average person's consumption more than doubled. All of the social classes gained, although by different amounts. Workers did not gain, on average, during the first half of the 19th century, but their real incomes jumped up after 1846.

Average real annual income per person (multiples of subsistence income)

	1688	1759	1798	1846	1867
Landed	30.92	45.42	53.57	49.97	50.98
Bourgeoisie	20.58	14.74	37.16	32.43	51.39
Lower middle	5.26	5.19	8.40	12.74	7.25
Farmers	3.80	4.50	6.89	10.91	11.96
Workers	3.27	3.27	4.39	4.37	6.21
Cottagers & paupers	1.02	1.02	1.17	1.98	2.43
Average	4.90	5.16	7.77	9.43	11.07

Source: Robert C. Allen, 'Revising England's Social Tables Once Again', *Oxford University, Working Papers in Economic and Social History*, Number 146, 2016.

excludes their earnings on urban property and non-agricultural investments, which were becoming important.

Box 6 shows how real incomes changed over the Industrial Revolution. The landed classes were always well off. They could consume thirty baskets each in 1688, and their consumption possibilities increased to fifty in 1800 after which they remained stable. In reality, no one consumed fifty times the quantity of oatmeal shown in Box 6. They upgraded their food consumption to more expensive sources of calories like quail and port, and hired builders, servants, and jewellery makers, who effectively ate their baskets (or upgraded versions) for them.

The landed classes consumed at a high level across the Industrial Revolution, but their relative position slowly eroded as agriculture declined vis-à-vis industry. In 1688 the agricultural rent received by the landed classes amounted to 16 per cent of the national income. By 1867, their rental income had dropped to 5 per cent.

The bourgeoisie were the second richest group. They were not far behind the landed classes. Their highest nominal incomes were, like those of the landed classes, realized in 1798, but they did not suffer in later years since the decline in monetary incomes was generally offset by lower prices. Sir Richard Arkwright, the entrepreneur and inventor of the water frame, earned about £20,000 per year (judging by his wealth at death) and his son raised that income to perhaps £40,000 (see Figure 11). He was reputed to be the richest commoner in the kingdom. In terms of consumption possibilities, the bourgeoisie had only twenty baskets per person in 1688 but did even better than the landed classes, slightly surpassing them (51.39 baskets versus 50.98) in 1867.

The incomes of the lower middle class and the farmers lay between those of the upper classes and the workers. In the 18th century, the average member of the lower middle class earned at least twice as

(a) (b)

11. Richard Arkwright and his water frame.

much as the average worker. In 1688, the category of farmers earned only a quarter more than the workers. The group average was depressed by the low earnings of the husbandmen and yeomen. As the smallholders disappeared, the group average rose to twice that of workers in 1798. In the first half of the 19th century, as the nominal incomes of the landed classes and the capitalists sagged, the lower middle class and the farmers surged ahead. After 1846, the farmers continued to advance in the age of 'high farming', while the shopkeepers and clerks experienced a fall in income. Their consumption standard, however, was generally comfortable. Farmers tripled their incomes from four to almost twelve baskets over the Industrial Revolution. The shopkeepers and clerks started with five baskets in 1688, reached twelve in 1846, and then dropped back to seven in 1867. This was scarcely above the earnings of a skilled craftsman.

The income of the poor rose gradually during the Industrial Revolution. Between 1688 and 1798, there was very little growth in either their nominal income or their standard of living. In the 18th century, the average poor person got just one subsistence basket per year. The poor did better, however, in the 19th century and by 1867 each poor person got the equivalent of almost two and a half subsistence baskets. It is striking that the real consumption of the average poor person increased by a factor of 2.38 between 1688 and 1867, which almost exactly equals the factor (2.26) by which average consumption increased for the British population as a whole over the same period.

The standard of living of the working class

The working class is saved for last since the question 'Did the standard of living of the working class rise, fall, or stay constant during the Industrial Revolution?' is one of the most debated issues of the period. Everyone agrees real wages rose after 1850, however, what happened between 1800 and 1850 is highly controversial, and what happened earlier is a mystery.

The social tables propose answers to these riddles. Box 5 shows that average earnings per worker grew slowly in the first half of the 18th century and then more rapidly to 1798. This was a period in which there was considerable wage convergence in Britain as wages in the north, which had been lower than those in London and the south generally, advanced to their level. The tide changed, however, between 1800 and 1846, as earnings per worker grew little. The 1840s were a difficult time for workers across Europe, and British workers did not escape the trend. After 1846, however, their fortunes changed, and earnings increased by one-fifth to 1867.

These patterns are reinforced when wages are adjusted for changes in the cost of living and expressed on a per person basis, as in Box 6. This table highlights how much the average household member could consume. One important point to note is how well off English workers were by international standards: The average member of a working class family in England always got more than three subsistence baskets each year, while many Europeans and Asians were lucky to get one. Like the upper classes, English workers did not consume three times the oatmeal shown in Box 6 but instead upgraded their consumption to bacon, beer, and white bread.

While English workers enjoyed a high standard of living at the start of the Industrial Revolution, it was a long time before they realized substantial gains. There was no change in consumption per person between 1688 and 1759, but it then rose from 3.27 to 4.39 baskets in 1798. Stagnation returned in the first half of the 19th century as working class consumption per head edged downward by half a per cent, while consumption over all rose 21 per cent, with the farmers and lower middle class reaping gains of over 50 per cent. In 1688 the average worker's consumption was 67 per cent of the national average. The ratio dropped to 63 per cent in 1759, then to 56 per cent in 1798, and bottomed out at 46 per cent in 1846. The working class began to catch up between 1846 and 1867 by posting a consumption gain of 42 per cent as consumption per head jumped from 4.37 to 6.21 baskets. Growth in working class purchasing power was well above the national average of 17 per cent in this period. Working class consumption rebounded to 56 per cent of the national average in 1867.

Inequality within the working class

If we left the matter here, we would have a view of working class living standards that was neither optimistic nor pessimistic: In the first half of the 19th century, consumption per head in the average worker's household neither rose nor fell noticeably; however, workers on average slipped behind other, better off groups whose earnings rose rapidly. While apparently moderate, this conclusion is still far too Panglossian, for it ignores one of the crucial features of the period: the dramatic increase in wage inequality among workers. Those in the modern, expanding sectors often could do well, while their counterparts in the handicraft sectors did badly. The latter experienced acute poverty. This development is completely obscured in the average. Indeed, the point of averaging is to cancel out the highs and the lows.

We can see the increase in inequality in the Lancashire labour market. Figure 12 plots the real earnings of building labourers, farm labourers, and handloom weavers from 1770 to 1850.

At the outset, the difference in earnings among these groups was small. All of the trades earned just under two baskets, and the building labourers, who received the highest wage, earned only about 40 per cent more than the handloom weavers, who had the lowest. The handloom weavers enjoyed a brief golden age in the first quarter of the 19th century when their income surged to almost four baskets, but their earnings slumped to bare bones subsistence by 1840. At that time, the building labourers were earning three times what the handloom weavers took in. The farm

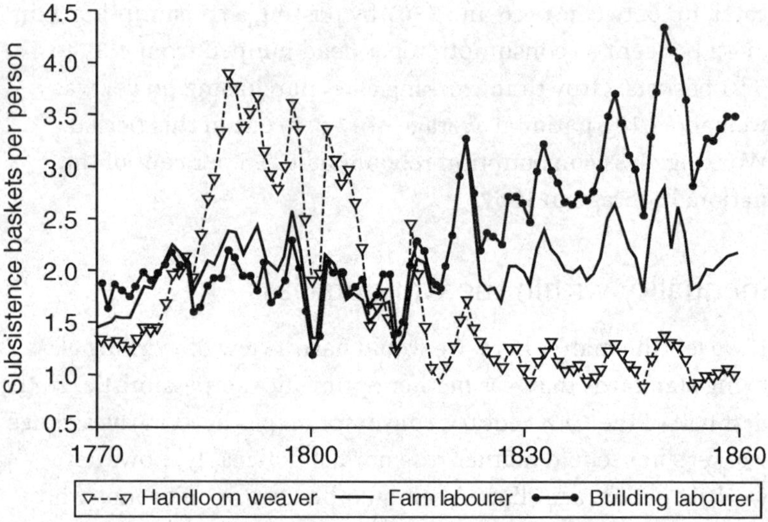

12. Real wages in Lancashire.

labourers occupied an intermediate position and realized a small increase in the real wage over the period. The clear winners were the building labourers, whose real earnings doubled by 1850, the farm labourers were also-rans, while the handloom weavers were the big losers.

In 1820, handloom weavers amounted to 10 per cent of the male workforce, so their fate was of considerable consequence in its own right. But they were not alone. Again and again, we encounter the same story: machinery was invented to do the work that a skilled artisan had previously done by hand. People with those skills continued in their trade (it was, after all, what they could do) even as their earnings dropped under the competitive pressure of increasingly efficient machinery. They sank into poverty, and eventually the trade disappeared. Framework knitting and pillow lace weaving are examples.

In 1589 William Lee invented a machine to knit stockings. It was powered by the operator and had more moving parts than the early spinning machines. It was impressively complicated. A narrow frame could make a dozen pairs of stockings per week, while a wide frame could produce that many in a day. In 1844, there were almost 50,000 knitting frames in Great Britain. Many improvements had been made to the frame, which enabled it to knit more and more complicated patterns.

Pillow lace knitting was a separate industry. This was a domestic industry carried out in the knitters' homes and supported many thousands of women.

The industries were originally distinct, but their fates became entangled, as inventors contrived to improve the stocking frame so it could knit lace. It was a difficult problem and was only solved by John Heathcote in 1809. At first, the machine-wrought lace was crude, but over time the process was improved so that finer qualities of lace could be knitted at lower and lower costs. At the beginning of the 19th century, women could make five meshes of plain net per minute on their cushions, and lace cost 100 shillings per square yard. The steam powered machinery of the 1850s could knit 40,000 meshes per minute, and the price of lace had dropped to 6 pence (pre-decimal UK currency) per square yard. In the face of this competition, the incomes of the pillow lace knitters collapsed, and eventually it became pointless for even the poorest woman to compete against the machinery. By 1860, 90 per cent of the lace machines were steam powered. They were operated by men who had formed a trade union and earned high wages. The women who made lace in their cottages were gone.

The fate of the men who knitted stockings was also unfortunate. It was not difficult to learn to operate a knitting frame, so men who had been forced out of other jobs like handloom weaving flowed into the stocking industry, depressing earnings there. By the 1840s, poverty was endemic. The situation only improved when steam factories replaced the old knitting frames. Marc Isambard Brunel patented a steam powered knitting machine in

1816, but it was not successful. Circular machines were developed in the 1830s and became commercially viable after Matthew Townshend invented the latch needle in 1847. William Cotton's first patent was in 1846 and followed by half a dozen others in the next twenty-five years. He opened a factory in 1853 and sold knitted fabrics and knitting machines. Steam powered factories proliferated. Productivity was much higher than in hand work and wages rose.

Modern collective bargaining also developed in the 1860s.

As one activity after another was mechanized, hand workers experienced falling earnings either because their own industry was mechanized, or because another was and workers in it were driven into theirs. Hand workers as a whole suffered falling incomes. The average wage of the working class did not rise until the handicraft sector was replaced by factories.

Education

Income is only one indicator of the standard of living. Education is another. On the eve of the Industrial Revolution, England was a leader in literacy as we saw in Chapter 2. It was common for boys to spend two or three years in the village school to learn reading, writing, and arithmetic, followed by half a dozen years of apprenticeship. This system of education and training was responsible for the widespread mechanical ingenuity that was a bedrock of the Industrial Revolution. Just as the average income of manual workers remained constant through the early Industrial Revolution, so did their average educational attainment: the proportion of people who were literate remained at about 50 per cent.

The problem was that education was in conflict with the needs of manufacturers, who hired boys and girls. Around 1830, the cotton industry employed about 85,000 children.

Many were 'piecers', who tied together broken threads, an essential task. Manufacturers could vote, while workers could not, so the State regarded piecing as more important than schooling, and State financed, universal education was deferred. In addition, the Church of England feared that universal education would promote irreligion; they claimed the right to provide education but did little. The US and British censuses of 1850 and 1851 found that most young people were in school in both countries. However, the American students were all in full time schooling, while half of the English students were in school only on Sundays—their sole day off work. Mr Edward Early, a blanket manufacturer in Witney, stated that 'he superintends every Sunday the education of between 400 and 500 children, and that upwards of 1000 children are taught reading every Sunday in the schools, and writing on Saturday evenings'—after working a full day in the mill!

Not only did the English educational policy hurt British workers by limiting their intellectual development, but it built up economic trouble for the future. The new technologies of the late 19th century required educated labour, and Britain fell behind Germany and the USA, both of which had larger State financed educational systems. The demand for educated labour was growing, but it still took the Third Reform Act in 1884/5, which extended the franchise from 31 per cent to 63 per cent of men, to overcome employer resistance and make schooling a higher priority than piecing.

Health

There was little, if any, evidence of improvement in average health in Britain during the Industrial Revolution. However, there is considerable evidence of growing inequality in health status—as with income.

The most basic indicator of good health is being alive, and this is measured by the expectation of life at birth. Estimates are available every year since 1541, and they show a trendless pattern until about 1850 with fluctuations between 35 and 40 years. Figures like this should not be interpreted to mean that few people lived past 40. On the contrary, many lived to be much older, but the average lifespan was low because about one-quarter of the population died before their 5th birthday. (If half the people died in their first year and the other lived to be 80, then the average lifespan would have been 40 = (0 + 80) / 2.) Since 1850, the expectation of life has risen steadily to present day values exceeding 80 years in rich countries. These gains, however, came after the Industrial Revolution.

Not every group's experience was the same. The family trees compiled by the peerage have allowed their birth and death rates to be reconstructed, and they provide an important contrast. Between 1540 and 1740, the life expectancy of the peers was little different from the national average—in that period, the aristocracy's higher than average consumption of food and housing did not give them extra protection against infectious diseases—but after 1740, their life expectancy increased steadily to 60 years around 1867. What they did to live so long is not so clear.

Other groups were less fortunate. The urban population did particularly badly. In the first half of the 19th century, large towns and cities had a life expectancy in the range of 30 to 33 years, while the average rural dweller lived ten years longer. This difference pre-dated the Industrial Revolution. Cities had always been death traps since human and industrial waste went into cess pits and gutters, while water was taken from wells, streams, and rivers. The wells were contaminated by the cess pools, and waterborne diseases were recycled through the population leading to many deaths. Air quality was poor due to the ubiquitous burning of coal, and that exacerbated respiratory illness. In addition, the overcrowded conditions encouraged the spread of airborne diseases including tuberculosis.

These problems were not overcome until water supply and sewage disposal systems were built, and that did not happen until the late 19th century.

A rising fraction of the population lived in cities during the Industrial Revolution, and that in itself pushed up the overall death rate. The aristocracy in their country houses escaped these conditions, as did the bankers, lawyers, and industrialists who bought country estates.

The workers who lived in cities could not escape, and they paid the price as their young children died.

With urbanization pushing up the death rate, why was average life expectancy constant over the Industrial Revolution? Part of the answer may be the income growth realized by the lower middle class in the first half of the 19th century. They were a large and rapidly expanding group that also lived in cities. Their incomes were higher than those of the workers and grew very rapidly from 1798 to 1846. More money allowed them to buy better food and rent better housing, and those advantages may have helped them fight off infectious disease. In that case, the differences in income translated into differences in life and death.

The study of heights allows us to approach questions of health with different evidence. In Chapter 2, we saw that British workers were the tallest in Europe at the end of the 18th century. They did not maintain their stature during the Industrial Revolution, however: the average height of British workers fell in the first half of the 19th century. This was true of workers in general and, particularly, of those in large cities. This finding is consistent with the rise in mortality that also probably occurred. The height evidence supports a pessimistic interpretation of the Industrial Revolution.

We know less about the height of the middle classes. One sure thing is that they were taller than the lower classes. In the 1870s, the British Association for the Advancement of Science commissioned a study of British heights and weights. Much data was collected, and similar patterns were revealed for men and women, old and young. For instance, the average height of men, 25–30 years old, from the landed and professional classes was 69 inches. Among clerks and shopkeepers, the average was 68 inches, and it fell to 67.5 inches among farm labourers, and then 66.5 among urban artisans. Urban factory workers were the shortest at 65.5 inches.

The upper classes were also heavier. The same progression for 22-year-old men ran from 152.8 lbs for the upper classes, to 145.5 for the urban lower middle class, to 138.6 lbs for the urban artisans. (The farm labourers buck the trend with a weight of 150.6.) How middle class heights changed over time is much less clear.

The 'perennial gale of creative destruction'

It is no surprise that the share of national income going to farmers and landowners declined during the Industrial Revolution, but why did workers fall behind capitalists and why did some workers do so much better than others? There are four approaches to these questions.

The first approach claims it was all bad luck—nature and Napoleon. The wars with France from the French Revolution to Waterloo disrupted trade between Britain and the continent. Bad harvests in Britain drove up grain prices in the UK (cf. the spikes in Chapter 5, Figure 14), and they could not be offset by food imports because of the wars. High food prices cut real wage growth and produced misery. Nothing was fundamentally wrong with British society: the problems were down to ill fortune.

One difficulty with this explanation is that the poverty persisted long after Waterloo. The second approach addresses that question.

This approach attributes poverty to the non-democratic character of the British constitution. Parliament was controlled by the gentry and aristocracy, and they used this power to advance their interests. The Corn Laws were passed in 1815, for instance, to prevent the import of cheap European grain. High food prices were perpetuated artificially in Britain at the expense of workers. Even after the Reform Act of 1832 increased the representation of commercial interests in parliament, it continued to represent the well to do and enacted legislation like the Poor Law Amendment Act of 1834, which reduced income support for the poor to the detriment of workers. In this view, it was undemocratic politics that was responsible for the rising inequality of the Industrial Revolution.

While anti-worker legislation may have played a role in suppressing the standard of living of labourers, the leading social scientists of the period stressed more fundamental features of the society. Malthus' demographic theory is the third approach to explaining the trends in income distribution. Malthus was a favourite of the upper classes, for he laid the blame for widening inequality on the reproductive habits of the workers rather than on failings of the economic and political systems, which might have required their reform or replacement. Malthus postulated that if income exceeded subsistence, as it did in Britain, then birth rates would rise and death rates fall leading to a population explosion that would force wages back to subsistence. Poor relief was no solution to the problem, for giving the poor extra money simply pushed up population growth, which would eventually drive wages down until wages plus poor relief equalled subsistence. No matter how much economic growth there was, real wages would never rise in the long run, and all of the gains to growth would go to landowners.

Malthus' demography was extremely influential. The famous philosopher and economist John Stuart Mill was taught Malthus as a youth, and it led him to direct action: in 1824 at the age of 18, he was arrested for distributing birth control literature to the London poor.

Even though Malthus was endlessly invoked in the 19th century as an argument against social reform, the historical record has not been kind to his theories. While there is evidence in favour of his views from the centuries before his day, the population history of the last two centuries has shown that demography is much more complicated than he imagined. The most common generalization about population since 1850 is that rising incomes have been accompanied by falling birth rates—the exact opposite of Malthus' prediction. His theories are, therefore, not a firm basis for explaining income distribution during the Industrial Revolution.

The fourth approach is that of Karl Marx who offered an alternative theory that also predicted that wages would remain at subsistence despite the growth in the economy. While Malthus explored labour supply, Marx concentrated on labour demand. Marx thought that technological change would continuously throw people out of work. The competition for jobs from this 'reserve army of the unemployed' would keep wages at subsistence. The competitive pressures of a market economy meant that every capitalist had to innovate or be driven out of business as competitors raised their productivity. The twin consequences were (1) continual innovation that raised output per worker; and (2) a static real wage with all of the gains going to capitalists and landowners. These conclusions led Marx to believe that capitalism would be eventually replaced by socialism, which would allow workers finally to gain from economic development.

Marx was wrong about many things, including, in particular, his predictions. Nevertheless, his work also includes valuable insights. Some of those relating to technology have been developed by the Austro-American economist Joseph Schumpeter in his well-known theory of 'Creative Destruction'. Schumpeter emphasized that the important competition that capitalism unleashes is not between similar firms in the same industry producing the same product, but rather from the introduction of radically new processes and modes of production.

> The fundamental impulse that sets and keeps the capitalist engine in motion comes from the new consumers' goods, the new methods of production or transportation, the new markets, the new forms of industrial organization that capitalist enterprise creates... The opening up of new markets, foreign or domestic, and the organizational development from the craft shop and factory to such concerns as U.S. Steel illustrate the same process of industrial mutation... that incessantly revolutionizes the economic structure *from within*, incessantly destroying the old one, incessantly creating a new one. This process of Creative Destruction is the essential fact about capitalism.

The Industrial Revolution illustrates this dynamic. The Industrial Revolution was preceded by the expansion of the cottage mode of production. The first activity to be revolutionized was spinning, as we have seen. Once the cottage sector got large enough—and wages high enough—the incentives for the invention of the factory mode of production fell into place.

This new production system destroyed the cottage mode as it expanded and replaced it. 'Progress entails... [the] destruction of capital values in the strata with which the new commodity or method of production competes.' 'Destruction of capital values' meant not only that outmoded spinning wheels were tossed in the back of the barn, but also that the women with the skills to operate them could no longer earn a living. Their incomes collapsed in the face of machine competition. We saw this in Chapter 2 in the case of the Cotswold villages that had supplied Witney with yarn for weaving blankets. It was a general problem in Britain: the spinners were the first example of mass technological unemployment. The loss of these earnings pushed up poverty in the late 18th century since many families could no longer afford the 'respectability basket' and had to make do with oatmeal and potatoes rather than bread and beef.

It was *déjà vu* all over again with the power loom. The supply of cheap yarn from the new cotton mills led to the expansion of handloom weaving to turn the yarn into cloth. As the sector expanded the earnings of weavers rose, prompting inventors to try to save on the now expensive labour by creating the power loom. Once they succeeded, the handloom weavers were doomed. The power loom was improved throughout the 1830s and 1840s, and relentlessly drove down the price of cloth. Fewer hours of labour were needed to weave a yard by machine than by hand, and costs were cut further by employing women as weavers in place of the men who wove in their cottages. The income of handloom weavers fell accordingly since they were paid for each yard they wove and their productivity did not increase. Poverty grew among the 250,000 handloom weavers, and gradually they were forced into other work where their competition exerted downward pressure on wages. Again poverty accompanied progress.

Technology evolved along the same lines, for the same reasons, and with the same results, in all of the hand trades. A big reason the Industrial Revolution happened in Britain was because it had developed a very large handicraft manufacturing sector in the 17th and early 18th centuries. This led to the high wage economy that prompted the invention of the factory and labour saving machinery in general. The standard of living issue was so heightened and working class living standards lagged for so long because the handicraft sector was so large. Evidently, when any particular trade was mechanized, earnings in that branch dropped, and that decline, in itself, lowered the average wage of workers. Over and beyond that, the displaced workers looked for jobs elsewhere, and their competition put a damper on wages across the economy. The traditional manufacturing sector was not liquidated until the middle of the 19th century, and only then did wages begin to rise generally. One of the virtues of Schumpeter's analysis is that it unites the two faces of the Industrial Revolution: the progress was the 'creative' consequence; the poverty the 'destructive' consequence.

Chapter 5
Reform and democracy

The Industrial Revolution created social tensions and posed practical problems that shaped the politics of the period, and affected much of social and cultural life. Most commentators analysed society in terms of the three class model that was anchored in the economics of Adam Smith. Every price 'resolves itself either immediately or ultimately into the same three parts of rent, labour, and profit'. Consequently,

> the whole annual produce of the labour of every country, taken complexly, must resolve itself into the same three parts, and be parcelled out among different inhabitants of the country, either as the wages of their labour, the profits of their stock, or the rent of their land.

The division of society into three classes is a useful simplification, but it should be remembered that there was heterogeneity of belief and action in all of these groups, and, indeed, their character evolved over the course of the Industrial Revolution. How and when that happened are important historical questions. In any event, enough landowners, businessmen, and employees recognized that they were members of a group that had common economic interests that were opposed to those of the other groups, that the three class model provides insight into the politics of the Industrial Revolution.

Before 1789

Modern factory industries had begun before the French Revolution, but they had scant impact on the economy as a whole. In 1790, employment in cotton textile mills, the principal factories of the day, was only 80,000—less than 2 per cent of the occupied population. Many more workers were self-employed in cottage industries as pillow lace knitters, weavers, and so forth. Agriculture still accounted for one-third of GDP. Although England looked largely pre-industrial, adverse developments were beginning to appear—the cotton mills were rendering most of the female population, who had been employed as hand spinners, unemployed, with a concomitant increase in rural poverty. In addition, the cotton mills were employing disconcertingly large numbers of children whose employment would raise the question of factory regulation in the 19th century.

Eighteenth-century economic life was conducted in a legal framework handed down from the medieval and Elizabethan periods. Statutes like the Assize of Bread and Ale of 1266–7 regulated the marketing of foodstuffs to prevent price gouging and speculation, and empowered Justices of the Peace (JPs) to set prices. The Statute of Artificers of 1562 empowered JPs to fix wages for most trades. The Poor Law of 1601 required parishes to support their poor.

'The principle of our constitution is the representation of property, imperfectly in theory, but efficiently in practice.' In the 18th century, the agricultural rent received by the gentry, aristocracy, and clergy amounted to about one-sixth of the national income, and this group had a higher average income than the capitalists or workers. The distribution of power and authority followed the distribution of property. At the local level, the squire administered the village and expected deference in return. Nationally, parliament represented landowners. The House of

Lords was a predominantly hereditary chamber consisting mainly of great landowners. They also dominated the House of Commons where most constituencies were rural, and many were 'rotten boroughs' with only a few voters whose MPs were effectively appointed by the landlord who owned the village. Parliament was the preeminent organ of government following the civil war in the 17th century and the Glorious Revolution of 1688.

There was a contradiction in the way the landed classes exercised their power. On the one hand, they believed they governed for the whole nation—everyone had 'virtual representation' in parliament even though they could not choose its members—and had a paternalistic responsibility for the well-being of the poor. On the other hand, they did not tolerate royal interference in the management of their affairs, and used their parliamentary power to advance their interests. The assize of bread, the assessment of wages, and the provision of poor relief all proved detrimental to their interests, and they were ignored, repealed, or watered down during the Industrial Revolution. Landowners also advanced their interests through private legislation that authorized the enclosure of open fields, the construction of turnpikes (better roads that charged tolls), and canals, all changes that raised the value of land. These initiatives also benefited manufacturing and commercial interests, as did the State's vigour in protecting property, which included manufacturing establishments whenever they were threatened by riotous mobs.

Most government expenditure was on the army and the Royal Navy, and they were used to expand the British empire and advance British commercial interests abroad. The Navigation Acts meant that the trade of the empire and the markets it provided were reserved for British merchants and manufacturers. While the capitalists were not well represented in parliament, the policies it pursued were broadly in their interests, so there was little to provoke awareness of contradictory interests between capitalists and landowners.

There were conflicts of interest, however, between labourers, on the one hand, and landowners and entrepreneurs, on the other. The disputes were local and sporadic rather than national, mass movements. Conflicts often centred on change (supported by landowners and businessmen) versus the preservation of tradition (supported by workers and small-scale farmers). Popular discontent was expressed in local riots rather than in strikes or mass political movements that were the instruments of the workers once they became urban, factory employees.

Enclosure of the open fields was a great source of dispute. About a fifth of England was enclosed by parliamentary act in the 18th and early 19th centuries. The enclosures were promoted by large landowners hoping to increase the rents from their tenants. While local opinion was consulted, 'the suffrages were not counted but weighed' since it was the acreage each person owned that was tallied for or against. The parliamentary process allowed the large owners to override the objections of small owners. Enclosure often extinguished common grazing rights that had benefited many cottagers.

While they received compensation for the loss of legally defined rights (parliament zealously defended the *legal* rights of small owners as well as large) many traditional practices were ended without compensation. On balance many people lost out from enclosure. They objected to the commissioners and rioted on occasion, but there was no coordinated national opposition that would indicate widespread recognition of common interests.

Food riots were also common in times of scarcity and high prices. These reflected the peculiar conditions of the 18th century—most people were workers or artisans so they bought their food and so they were hurt by high prices rather than gaining from them as cultivators did. There was a long tradition of State regulation to control speculation, mark-ups, and hoarding. In times of dearth, villagers took direct action, often with the tacit support of paternalistic JPs and sheriffs, to find food stored by farmers and dealers, and force its sale on local markets at normal prices. The 'moral economy of the crowd' was in accord with the traditional paternalism. In 1766 the Witney weavers threatened an insurrection unless the farmers lowered the price of corn, which they did.

Machine breaking was another form of direct action in support of traditional practices. The framework knitters, for instance, had an ambivalent attitude towards technical change. Inventions were embraced when they allowed a knitter to produce a more highly valued product like a ribbed stocking, but they were resisted when they threatened employment. Machine breaking could have other objectives as well and has been described as 'collective bargaining by riot'. A wave of machine breaking in Nottingham resulted in The Protection of Stocking Frames Act 1788, which made the destruction of machinery punishable by transportation to Australia. From 1811 to 1816, machine breaking recurred in northern England. The Luddites (named for Ned Ludd who broke machines in 1779) wrecked machinery in Nottingham. In his first speech to the House of Lords, Lord Byron explained attacks on machinery as a response to technical change:

> These machines were to them [the owners] an advantage, inasmuch as they superseded the necessity of employing a number of workmen, who were left in consequence to starve. By the adoption of one species of frame in particular, one man performed the work of many, and the superfluous labourers were thrown out of employment.

Byron's intervention did not prevent passage of The Destruction of Stocking Frames Act 1812, which increased the penalty to death. Machine breaking spread to hand loom weavers in the West Riding and Lancashire, and there can be little doubt that they were threatened by the power looms they were destroying. Machine breaking reemerged when mechanization threatened employment. In the Captain Swing riots in eastern England in 1830, farm labourers destroyed threshing machines that eliminated agricultural jobs. Luddites are often imagined as irrational opponents of progress, but the hand workers were not the ones who would benefit from the invention of power looms even in the long run, so their attempts to destroy them made sense.

French Revolution and Napoleonic wars

While the Industrial Revolution was inexorably undermining the old society, opinion was polarized by the French Revolution, which threw up new challenges that crystallized positions. The French monarchy was overthrown and replaced, briefly, with a democratic republic. The king and thousands of aristocrats were beheaded. Feudalism was abolished. A new religion was declared. The great question was: would Britain go the same way?

The Revolution had many supporters in Britain who believed that democracy would make a better world. Initially, supporters included many who were well to do, but their enthusiasm faded as the Revolution turned murderous.

The Revolution spawned a pamphlet war between supporters and critics. Thomas Paine's *The Rights of Man* was the most widely read pro-Revolutionary tract. Its arguments were not unique, but they were forcefully stated. It made a powerful contribution to a working class point of view, but it was far from the finished product. On the political plane, Paine endorsed the view that people had fundamental natural rights to life and liberty, and that they always retained the right to overthrow a government that did not respect those rights. The Bastille, the prison in Paris where political prisoners were incarcerated, symbolized the despotism of the French monarchy that rendered the Revolution legitimate.

On the economic plane, Paine was equally anti-aristocratic. He believed the land, being a product of nature, ought to belong to everyone rather than a small minority. Land ownership was regarded as the basis of independence in the 18th century. Paine did not, however, advocating breaking up the great estates, but instead he proposed the progressive taxation of land rent to raise money for pensions and social services.

Perhaps a million copies of *The Rights of Man* were sold, and it was read aloud in coffee houses, so many more people heard his words. Universal rights, democracy, and socialization of land rent appealed to many working class, as well as middle class, readers. It responded to a world in which the inequalities originated in agriculture rather than industry and appealed to the weavers and framework knitters as much as to the factory workers. The self-employed artisans gravitated towards a Republican outlook, which denigrated employees as wage-slaves (they had to do as they were told by their boss) and idealized the self-employed artisan as truly free: the latter could choose to celebrate Saint Monday by taking the day off, while the former could not. When the Witney weavers were transformed from independent artisans into factory employees early in the 19th century, John Early, the leading employer, observed that they had 'a dislike to be under restriction as to time'. Richard Osborne, a weaver, added that 'some of them come sauntering in on Monday towards the middle of the day, some get to work on Tuesday, and some do not work the latter end of Saturday'. Workers who skived off were suspended as a punishment. For these workers, the ideal society was an egalitarian democracy of independent craftsmen carrying on their businesses in free markets.

These views had widespread support. The London Corresponding Society, founded in 1792, pressed for democracy and was joined by provincial counterparts. The upper classes were terrified.

> If Mr. Paine should be able to rouze up the lower classes, their interference will probably be marked by wild work, and all we now

possess, whether in private property or public liberty, will be at the mercy of a lawless and furious rabble.

Paine was charged with 'seditious libel' (criticism of the Crown and government), convicted, and sentenced to death, although he was never apprehended. There was a wide ranging crackdown on dissent. The stamp duty on newspapers was raised progressively from 1.5 to 4 pence between 1789 and 1815 to confine political discussion to the rich. Detention without trial was instituted, and numerous radicals were charged with criminal offences. The Combination Acts of 1799 and 1800 prohibited trade unions and collective bargaining. The old order was defended against all democratic challenges.

1815–32

Napoleon's defeat at Waterloo in 1815 inaugurated two decades of economic and political instability. The next five years were difficult for workers. Demobilizing hundreds of thousands of soldiers and sailors led to a drop in national income and widespread unemployment. As patriotic enthusiasm ebbed and poverty increased, so did demands for parliamentary reform. The result was five years of working class agitation for the vote.

Mass meetings were held to endorse petitions demanding universal suffrage. This looked like incipient revolution to the upper classes. The culmination in 1819 was a pro-reform rally outside of Manchester which attracted up to 60,000 people. The Manchester yeomanry attacked the crowd and killed eleven demonstrators—the Peterloo massacre (see Figure 13).

The government tried to suppress popular protest with the Six Acts including the Seditious Meetings Act that prohibited political gatherings of more than fifty people. Popular agitation for democracy was repressed for a decade.

13. Peterloo massacre.

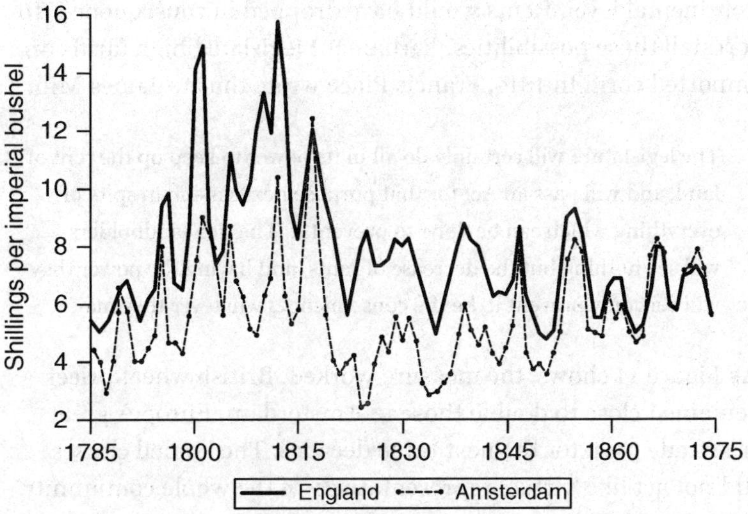

14. Price of wheat, 1785–1875.

The working class was not alone in demanding electoral reform. The middle class was provoked by one of the great acts of aristocratic self-interest—the Corn Laws in 1815.

Trade between Britain and the continent was frequently precluded between 1789 and 1815 by war and blockade. Wheat imports were limited. Figure 14 shows the course of prices.

In the 1780s British prices were modestly higher than those abroad but poor harvests (indicated by sharp spikes) drove the British wheat price above that abroad during the French Wars. As David Ricardo's theory of rent explained, high wheat prices caused high rents since rent was the difference between the value of the wheat harvested and the labour and capital costs incurred in its cultivation. The high prices of the war years caused widespread distress, but the gentry and aristocracy did very well, indeed, as their tenant farmers paid ever more for their land. The resumption of peace in 1815 portended a surge in wheat imports that would have driven British prices back down to the continental level. Rents would have dropped in consequence. To forestall those possibilities, Parliament legislated high tariffs on imported corn. In 1814, Francis Place wrote thus to James Mill:

> The legislature will certainly do all in its power to keep up the rent of land, and will pass an Act for that purpose next session in spite of everything which can be done to prevent it. The rich landholders will see nothing but the decrease of rents, and having the power they will certainly prevent it, be the consequences whatever they may.

As Figure 14 shows, the measure worked. British wheat prices remained close to double those in Amsterdam, Europe's great free trade port, for the next three decades. The landed classes did not act like 'virtual representatives' of the whole community, but secured their position at the expense of the workers and capitalists. The Corn Laws convinced many in the middle class that they too needed electoral reform.

Reform was an important issue in the election of 1830. It inaugurated two years of dramatic political twists and turns that culminated in the Reform Bill of 1832. Conservatives aimed to split the middle class reformers from the workers, so that those with property had some representation, while those without did not. 'The real battle is not between Whigs and Tories, Liberals and Illiberals and such gentlemen-like denominations, but between property and no-property—Swing and the law.' Fifty-six tiny 'rotten' boroughs were abolished and another thirty lost one of their two representatives. The freed up seats were allocated to cities that had not been represented in parliament before as well as to rural districts. In addition, the property requirements for voting were lowered in many areas. As a result, the electorate expanded from 400,000 to 650,000 (about one-fifth of the adult males).

Commercial and manufacturing interests acquired more influence in parliament than they had previously enjoyed; however, parliament was still led by rural landowners. And the working class still lacked the vote.

1832–46

By enlarging middle class representation in parliament, the Reform Act changed the political landscape. John Stuart Mill remarked, 'wherever there is an ascendant class, a large portion of the morality of the country emanates from its class interests, and its feelings of class superiority'. The middle class celebrated the entrepreneur, free competition, and reward for achievement. One by one social institutions were remodelled to embody these virtues. In the 18th century, State jobs were filled by patronage appointments. Appointment by merit would produce a more effective, cheaper government. The new ideal was realized at first on a case by case basis and became general policy with the establishment of the Civil Service Commission in 1855 and the first civil service examinations.

Competition would be introduced into religion by disestablishing the Church of England. While this was not achieved, the Church rates that supported it were abolished in 1868 after much campaigning.

One of the earliest and most far reaching reforms was the Poor Law Amendment Act of 1834. England's system of poor relief was based on a series of Elizabethan statutes. Most relief was given in cash or kind directly to the poor—so-called 'outdoor relief'. The alternative was 'indoor relief' in a workhouse. The Workhouse Test Act of 1723 allowed parishes to fulfil their relief obligation by establishing a workhouse. Anyone could admit him- or herself to the workhouse, but the workhouse, often modelled on a prison, was designed to be so unappealing that only the truly destitute would resort to it. Workhouses were unusual in the 18th century.

Poor Law costs were stable until the second half of the 18th century when they began an inexorable rise and with them the property tax that financed them. The causes included population growth, which increased the supply of labour, enclosure, and the amalgamation of farms, which reduced labour demand and eliminated much common grazing, and the mechanization of spinning, which eliminated the part time work of many women. The Poor Law authorities responded to the growing need by providing farm labourers with increased support through such devices as the Speenhamland bread scale, which linked support to the (rising) cost of bread. Malthus gained his renown by arguing that generous poor relief led to population growth, which only exacerbated the poverty problem. By the 19th century, landowners and capitalists alike were convinced that the system of poor relief must be changed.

The machine breaking of the Swing riots highlighted the dangers of rural poverty and prompted the appointment of a Poor Law Commission in 1832. Its recommendations resulted in the Poor Law Amendment Act of 1834 that created the so-called 'New Poor Law'. It stipulated that the able bodied be relieved only in a workhouse. Outdoor relief continued but on a reduced scale. The law also changed the organization of the system by grouping parishes into Poor Law unions that administered the law locally and by establishing a national commission to oversee it. The cost of poor relief fell. The law worked badly, however, in industrial areas since it was not designed as unemployment insurance.

The New Poor Law was condemned by many reformers for its mean spiritedness, and it alienated many in the working class for whom the old Poor Law had been a guarantee against destitution during illness, old age, or a bad economy. The New Poor Law did, however, provide a floor to incomes. The importance of this was shown indirectly when the potato crop failed in Ireland in the mid-1840s leading to the Famine. Ireland had no Poor Law even though it was part of the United Kingdom. Had there been an Irish Poor Law, famine would have been averted.

While Poor Law reform united the middle class and the aristocracy, the two groups were pitted against each other in one of the great battles of the age—the repeal of the Corn Laws. As Figure 14 indicates, the tariff on grain meant that English wheat was twice as expensive as Dutch wheat between 1815 and 1846. High wheat prices meant high farm rents and high incomes for the gentry and aristocracy. Since the standard view was that wages were at bare subsistence, an increase in the price of food meant that workers were paid more money to buy the same food they had before. Rising money wages meant rising manufacturing costs, which reduced the competitiveness of British industry. The gain of the landlords came at the expensive of the capitalists. The commercial and manufacturing classes were firmly opposed to the Corn Laws, while the working class was comparatively indifferent.

The Corn Laws were controversial from their enactment in 1815. Adam Smith had made the case for free trade in 1776, and David Ricardo sharpened the logic with the principle of comparative advantage in 1817. In 1820, a 'merchant's petition' was presented to parliament calling for repeal, but it was rejected. Charles Pelham Villiers, MP, introduced a motion in parliament calling for repeal every year from 1837 to 1845, but all failed. In 1839, the Anti-Corn Law League was formed to campaign against the law. Richard Cobden and John Bright became its most effective spokesmen. The League was an efficient propaganda machine that produced boundless tracts, raised much money, sent speakers round the country, and involved millions in its activities. *The Economist* magazine was founded as part of the effort, and its first editor Walter Bagehot recalled, 'There has never, perhaps, been another time in the history of the world when excited masses of men and women hung on the words of one talking political economy.'

Despite the efforts of middle class MPs like Villiers, Cobden, and Bright, they had no hope of repealing the Corn Laws on their own.

A majority of MPs in the House of Commons were landowners, and they dominated the House of Lords as well. Robert Peel, the conservative prime minister, had opposed repeal for years, but he switched his position and supported it in 1846—ostensibly as a relief measure for the famine in Ireland. He induced the Duke of Wellington to see the bill through the House of Lords as a necessity for maintaining public order. Why Peel changed his mind and why the parliament of landowners went along with him remain scholarly mysteries. Some results are clear, however. First, British wheat prices abruptly aligned with those abroad (Figure 14), but the level did not drop precipitately, and British agriculture remained prosperous until the 'American grain invasion' in the 1870s. Second, the conservative party split, Peel's fraction joined with the Whigs and Radicals to form the Liberals. Third, the conservatives remained out of power for two decades. Repealing the Corn Laws was a great victory for the manufacturing interests.

But the manufacturers did not have it all their own way. They were opposed by workers, the landed classes, and even members of the middle class appalled by the poverty that accompanied progress. One of the first to try to reform the factory system was Robert Owen, himself an owner of the New Lanark mill. In the first quarter of the 19th century, he introduced education for the child workers and replaced the 'truck system', by which mill owners sold their employees overpriced consumer goods, with a form of cooperative shop. Owen endorsed legislation to limit the length of the working day and cut the day to 10 hours at New Lanark. By 1817, he was a professed socialist.

The economic situation for many workers only got worse in the second quarter of the 19th century as the hand trades continued to collapse. Writers of many political views were shocked by the inequality and materialism of these years. In *Signs of the Times* (1829) Thomas Carlyle deplored the widespread poverty, which he attributed to the destruction of hand work by machine production.

> Were we required to characterise this age of ours by any single epithet, we should be tempted to call it . . . the Mechanical Age . . . Nothing is now done directly, or by hand; all is by rule and calculated contrivance . . . the living artisan is driven from his workshop, to make room for a speedier, inanimate one. The shuttle drops from the fingers of the weaver, and falls into iron fingers that ply it faster.

The result was a great increase in the national income—'how much better fed, clothed, lodged and, in all outward respects, accommodated men now are, or might be, by a given quantity of labour, is a grateful reflection which forces itself on every one'—but, in fact, the gains accrued largely to the rich. 'Wealth has more and more increased, and at the same time gathered itself more and more into masses, strangely altering the old relations, and increasing the distance between the rich and the poor.' But the increased wealth was not a blessing even for the rich, for their minds withered as all thought was reconfigured in the image of the machine.

> Men are grown mechanical in head and in heart, as well as in hand. They have lost faith in individual endeavour, and in natural force, of any kind . . . Their whole efforts, attachments, opinions, turn on mechanism, and are of a mechanical character.

These concerns defined the 'condition of England question', a term coined by Carlyle in 1839, that preoccupied many other writers—among them Benjamin Disraeli, Elizabeth Gaskell, Charles Kingsley, and Charles Dickens.

But it was not simply imaginative writers who exposed social problems. Middle class reformers with a social science disposition did the same. Middle class thinking was usually based on Bentham's 'fundamental axiom, *it is the greatest happiness of the greatest number that is the measure of right and wrong*'. This was conventionally used to defend laissez-faire economics, for if two people voluntarily agreed to an exchange (for instance, a day's labour for 2 shillings) then the satisfaction of both parties must have increased—and with it the total happiness of society—for, otherwise, why would they have agreed? However, if the cumulative effect of many such bargains was to enrich the few and impoverish the many, then there would be a case for the State to redistribute income from the rich to the poor so long as the extra shilling that the poor woman received increased her happiness more than the loss in happiness sustained by the rich person who lost it. Or if household industrial waste draining into a river damaged the health of the people downstream who drank its waters, then again there was a case for State intervention to provide clean water.

Reasoning along these lines led reformers to advocate State action that limited the free market and created space for the State to improve social welfare. Usually the case for reform required facts, and the second quarter of the 19th century witnessed a large increase in fact collection. Some of this was undertaken by the State—the decennial census, for instance, was broadened to track the changing occupational structure of the nation. In 1837 the State took over (from the Church) the responsibility of registering births and deaths. Other facts were collected by special commissions investigating all manner of problems. Non-governmental organizations also collected facts. The Manchester Statistical Society, perhaps the most famous, was founded in 1833 'to assist in promoting the progress of social improvement in the manufacturing population'. Social exposés were the order of the day, Friedrich Engels's *The Condition of the Working Class in England in 1844* being a notable example, but it was not alone.

Working class distress created a political opening for the Tories that did lead to some legislative relief for workers. The issue was the employment of children in factories.

Children were widely employed in the pre-industrial economy, many with their parents and the rest as apprentices or domestic servants. The Arkwright cotton mills, however, employed vast numbers of children who were not under parental supervision. Thousands of children were sent to the mills by Poor Law guardians under apprentice contracts. The State had long regulated apprenticeship, and some ineffectual legislation dealing with cotton mills was passed early in the 19th century to this end.

The first significant employment legislation was the Factory Act of 1833. Its author was Michael Thomas Sadler. He was a Tory MP representing a rotten borough, who believed that the landed classes could govern Britain responsibly. He wrote a book on population that disputed Malthus' theory, he fought to have the Poor Law extended to Ireland, and he opposed parliamentary reform. In 1831, he took over parliament sponsorship of a bill to reduce the working day of children in cotton mills from 12 hours to 9. He chaired a committee that wrote a devastating report on the overwork and abuse of children in factories, and he gave a powerful speech in parliament arguing that employers and workers did not negotiate on equal terms in the labour market—so workers deserved legislative protection. Although his rotten borough was abolished by the Reform Act, and he failed to win a seat in the next election, the persuasiveness of the evidence and logic of his position led to the passage of the act in 1833 that was the first step in reducing the length of the working day. Acts in the next decades cut the length of the working day further and broadened the coverage of the legislation.

Sadler's contribution was also important politically as a step in redefining Toryism. Ironically, the Tories, defenders of tradition, had to constantly reinvent themselves. The political creed of the 18th century—that the landed classes were the natural leaders of society and the advancement of their interests was the first task of government—was increasingly out of synch with social development, so new angles had to be found to argue that rule by the aristocracy was in the general interest. Factory legislation was a new spin on Tory paternalism, and, indeed, Sadler was hailed as the child's defender in the North of England. Red Toryism was born.

David Copperfield and the Factory Act of 1833 were all well and good, but the working class could not rely on the upper classes to protect its interests. What it needed was the vote, and workers mobilized for it just as the middle class had mobilized against the Corn Laws. Workers had been part of the campaign to reform parliament that resulted in the Reform Act of 1832. When they were excluded from the franchise, many workers felt betrayed, and the sense of betrayal was deepened by reforms like the New Poor Law. The working class press agitated for democracy in the 1830s. A group of six MPs and six working class leaders drew up the People's Charter in 1838, and it crystallized their demands. One radical remembered that:

> There were [radical] associations all over the country, but there was a great lack of cohesion. One wanted the ballot, another manhood suffrage and so on.
>
> ... The radicals were without unity of aim and method, and there was but little hope of accomplishing anything. When, however, the People's Charter was drawn up... clearly defining the urgent demands of the working classes, we felt we had a real bond of union; and so transformed our Radical Associations into local Chartist centres.

The six demands of the People's Charter were: (1) universal male suffrage; (2) a secret ballot; (3) no property qualification for being an MP; (4) payment for MPs so workers could serve; (5) equal sized constituencies; and (6) annual elections. Huge public meetings were organized in support of the Charter. It was presented to parliament in 1839 with supporting petitions signed by 1.3 million people, but parliament voted not to consider it.

In response, the 'physical force' chartists turned towards violence. Arms were collected, groups drilled. In 1839 chartists marched on the Westgate Hotel in Newport in the hope of sparking a national insurrection. In a confrontation with soldiers, more than twenty chartists were killed, many were wounded, and the rest fled (see Figure 15).

Armed confrontations occurred for several years, but they were always defeated, and the ringleaders punished.

The core of the protest remained peaceful. Under the leadership of Fergus O'Connor and his newspaper *The Northern Star* more mass meetings were held, the Charter was again sent to parliament in 1842, this time with more than three million signatures, and was again rejected. Hundreds of chartists were arrested and convicted, although the prosecution of the fifty-eight most prominent leaders failed.

15. Detail of the Newport rising.

Peaceful chartists continued to protest and physical force chartists to drill. Some chartists contested elections and Fergus O'Connor was elected to parliament in 1847, the only one to succeed. In 1848, hundreds of thousands of chartists marched on London to present the Charter, signed again by millions, once more to parliament. The State mobilized a vast force to stop them, but there was no violent confrontation. Parliament again rejected the petition. Agitation continued through the 1850s without success.

1846–67

Between 1846 and 1867, the economic situation in Britain fundamentally changed. As Figure 2 and Boxes 5 and 6 showed, the wage stagnation that characterized the first half of the 19th century ended, as average consumption per head in working class families rose by 42 per cent. This was the period in which machine production replaced handicraft methods across the economy. At last, high productivity jobs were being created at a faster rate than low productivity jobs were disappearing. These changes underpinned the rise in wages.

The politics of the period saw further advances of the middle class goals of competition and reward for achievement. Free trade in manufactured goods, for instance, was realized with the abolition of the Navigation Acts in 1849. Working class activism shifted away from chartism to trade union organization. These unions were more concerned with negotiating higher wages and better working conditions than with radical reform. The London Trades Council was established in 1860 and the national Trades Union Congress in 1868. A Royal Commission on Trade Unions in 1867 endorsed them as beneficial to employers and employees, and they were legalized in 1871. Nevertheless, unions did not have enough members to explain the general rise in wages that occurred between 1846 and 1867.

Three events occurred in 1867 that marked the end of the Industrial Revolution. First, Marx published volume 1 of *Capital*, which gave his explanation for why capitalism would never generate rising real wages even though it did lead to economic growth. Marx was born in 1818, and his view of capitalism was formed when he was around 20 years old. At that time the average real wage was flat, and the hand trades were in crisis. He took that to be the norm and developed an explanation that fitted that period. Second, Baxter estimated the national income for 1867, and his figures show that real wages had risen dramatically in the previous two decades. Wages were rising because the old handicraft mode of production had finally been destroyed by the machine mode. Marx was so intent on penning *Capital* that he missed this. Third, one group that had not missed the change was the ruling class. As the real wages of workers rose, they acquired—for the first time—a stake in the system. Their politics shifted from revolution to what would become known as social democracy. It was, therefore, safe to allow them to vote. Disraeli, the first conservative prime minister since Peel, extended the franchise to skilled workers in 1867. The Industrial Revolution was finished.

Chapter 6
The spread of the Industrial Revolution abroad

The Industrial Revolution may have ended for Britain in 1867, but it had only just begun for western Europe and the USA and was still a future prospect for the rest of mankind. Its spread is charted by Figure 16, which shows the shares of world manufacturing output produced in different regions.

These figures are fragile, especially for the early years, but the great industrial revolutions stand out clearly.

In 1750, the biggest manufacturing economies were China and the Indian subcontinent (today's India, Pakistan, and Bangladesh). These were also the most populous countries, and that was no coincidence. Inter-continental trade included few manufactures, so a region's production equalled its consumption. Since per capita income was broadly similar, so was per capita consumption of manufactures. Manufacturing production was, therefore, greatest where population was greatest. For the same reasons, British production of manufactures was less than 2 per cent of the world's total.

The situation changed dramatically due to the Industrial Revolution in Britain. By 1880, Britain's share of world manufacturing reached its peak value of 23 per cent. In contrast,

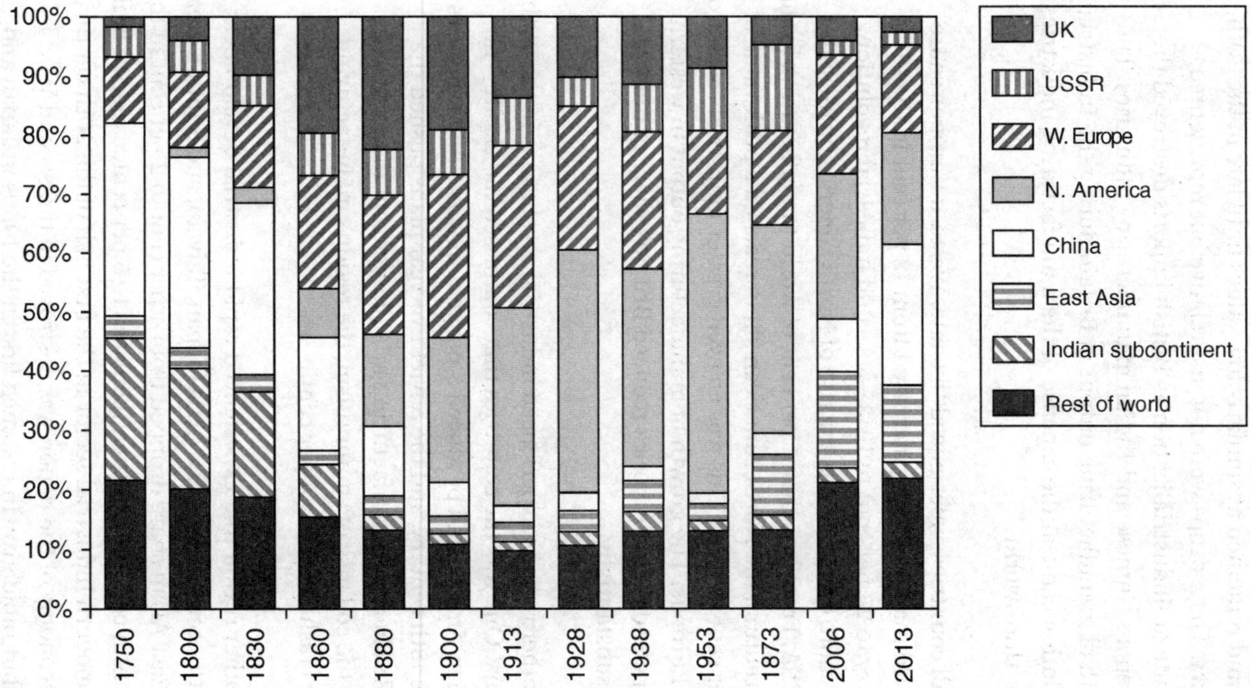

16. Percentage shares of world manufacturing output, 1750–2013.

the Indian and Chinese shares dropped to about 2 per cent each and remained at similarly low values until late in the 20th century. These drops were not just relative but represented absolute de-industrialization as British imports destroyed the indigenous Chinese and Indian manufacturing industries. The growth of manufacturing output in Britain during the Industrial Revolution came at the expense of the manufacturing industries of the 'third world'.

Not all countries experienced this fate. Western Europe's share of world manufacturing increased from 12 per cent in the 18th century to 28 per cent in 1913—a second industrial revolution. Even more dramatic was the rise of North America, principally the USA. From less than 1 per cent of world manufacturing in the 18th century, the North American share reached a peak value of 47 per cent in 1953. This was an even greater industrial revolution than Europe's. The growth of manufacturing output in western Europe and North America reduced Britain's share of the world total substantially.

Two other regions experienced industrial revolutions in the 20th century. One was the countries that comprised the USSR. The Russian Empire had produced 5 per cent of world manufactures in the 18th century, and the Soviet five-year plans pushed the USSR's share of manufacturing up to 15 per cent in the 1980s. With the collapse of communism, the region's manufacturing share crashed to only 3 per cent.

The other region that experienced rapid industrial development in the 20th century was East Asia (Japan, Taiwan, and South Korea). The East Asian share dropped from 4 per cent to 2 per cent in the early 19th century, but then increased to 5 per cent, as Japan built up a modern industrial sector in the first half of the 20th century. The economy of the region was destroyed in the Second World War, but rapid growth resumed first in the 1950s in Japan and later began in Taiwan and South Korea. By 2006, these countries were producing 17 per cent of the world's manufactures.

The final industrial revolution is China's, and it is a very recent phenomenon. In 1953, just after the communist revolution, China's share of manufacturing (2 per cent) was at its all time low. By 1980, it had been pushed up to 5 per cent, and it continued to rise reaching 9 per cent in 2006. Subsequent growth has been very rapid and off a very high base, so China's share hit 25 per cent in 2013. China is now the leading manufacturing economy in the world.

But China is exceptional. Despite much excitement about rapid growth in other countries, their shares of manufacturing output have not advanced. The Indian subcontinent, for instance, produced 2 per cent of the world's manufactures in 1973 and only 3 per cent in 2013. The 'rest of the world', which includes Latin America, Africa, the Middle East, much of eastern Europe, south-east Asia, Australia, and New Zealand, managed to raise its share of world manufacturing from 13 per cent in 1973 to 21 per cent in 2013. This advance is not inconsequential but is not in the same league as the industrial revolutions discussed.

Therefore, the major historical question is: why did some countries have industrial revolutions while others did not?

Globalization and technology: the economics of de-industrialization

The British Industrial Revolution differed from all that came after for two reasons.

First, the British Industrial Revolution was unplanned; indeed, it was unimaginable before it happened. All subsequent industrial revolutions were planned in the sense that countries adopted policies that they hoped would lead to industrial development.

Second, all subsequent industrial revolutions have had to contend with the presence of an industrial power that exported at very low cost the manufactured goods they hoped to produce. Would-be industrializers had to meet that challenge—somehow. Indeed, their situation was even more dire. A country that failed to meet the British challenge did not just stand still—it fell behind; in other words, it was de-industrialized.

The economics are clear in one of the earliest cases of de-industrialization—that of India in the early 19th century.

The British Industrial Revolution took place in a world that was becoming increasingly globalized. The establishment of the sea route from Europe to India cut the real cost of shipping and made it possible for the various East Indies companies to profitably export cotton cloth from India to Europe. English producers tried to imitate these cloths.

Since British wages were much higher than Indian wages, British producers had to invent labour saving machinery to sell anything but the coarsest yarn. The spinning machinery greatly increased British competitiveness in cotton textiles, but it conferred no benefit on producers in India or, indeed, on the continent since their wages were so low that machines did not pay. With machines, it was relatively cheaper to produce cotton cloth in Britain than in India, whereas previously the reverse had been true. The theory of comparative advantage predicts that Britain would increase its export of cotton, while India would import cotton cloth rather than exporting it. Britain, in other words, would industrialize, while India would de-industrialize. That is, of course, what happened.

Comparative advantage arguments are abstract. We can see how the incentives changed by studying the evolution of prices in Britain and India. In the late 18th century, the prices in Britain of both English and Indian cloth were much greater than the price of Indian cloth in India, which is why India exported to Britain. By 1820, however, the prices of both cloths dropped sharply in Britain as technological progress cut British production costs, and the falling price of English and Scottish cloth pulled the Indian price down with it.

By 1820, the English price was lower than the price of Indian cloth in India. The structure of trade reversed as Indian cloth exports ceased, and the country began to import British cloth. The result was the de-industrialization of India. It led William Bentinck, the Governor-General of India, to his famous remark: 'The bones of cotton weavers are bleaching the plains of India'.

India's comparative advantage shifted from manufacturing to agriculture, and this change shows up in the prices of raw cotton. At the beginning of the 19th century, the price was much higher in Liverpool than in Gujarat. The gap declined as shipping costs fell (globalization in action!), and the real price of cotton rose slowly in India. This price rise led to an increase in cultivation and exports. The underlying economics were clear to contemporaries. The British MP John Brocklehurst asserted in 1840 that 'the destruction of weaving in India had already taken place... India is an agricultural rather than a manufacturing country, and the parties formerly employed in manufactures are now absorbed in agriculture'.

The story of cotton manufacturing in India is a microcosm of the history of Asia and Africa in the 19th century. By the 20th century, their manufacturing sectors had been destroyed by competition from factories in Britain and later western Europe and the USA. The economies of Asia and Africa were re-oriented to produce and export agricultural products. When development economists surveyed these regions in the 1960s, they assumed that this economic structure was 'traditional'. It was anything but. 'Underdeveloped countries' in the 20th century were made—not born. They were the products of 19th-century globalization and the industrialization of the West.

Catching up in the 19th century: the standard model in the USA

The first question is why the same fate did not befall western Europe and the USA. The answer is that they followed a set of policies comprising the standard 19th-century model of economic development. The model was developed in the USA since the issue was so pressing for the new Republic. In the colonial period, the USA was effectively in a free trade union with Britain and exported agricultural products and imported manufactures. The USA was de-industrialized from the start. How could it break out?

The first step to an answer was creating a government with enough power to act. In the 1780s the states were united in a loose confederacy with limited powers. The USA constitution that came into force in 1790 was intended to create a national government that was strong enough to develop the country. The constitution itself was the first step in that direction, for it abolished the tariffs that the states had imposed on each other's products, thus creating a large domestic market. In his famous *Report on Manufactures* (1791) Alexander Hamilton, the first treasury secretary, outlined policies that were eventually adopted, including transportation improvements to integrate the domestic market; a national bank to stabilize the currency and insure credit for investment; and a tariff to protect American industries against British competition. These policies were dubbed 'the American system' by US senator Henry Clay, and they form three of the four elements of the standard model.

The final element was mass education. The white population of the USA had been highly educated during the colonial period, and the school system was strengthened in the new republic. The

Common School Movement in the 1830s led to systems of publicly financed schools focused on assimilating the masses of immigrants by preparing them for industrial employment. Together these measures—create a national market by abolishing internal tariffs and building transportation infrastructure, establish a banking system to promote investment, erect tariffs to protect industry from British competition, and institute mass education to prepare the population for a commercial economy—became the standard model of economic development in the 19th century.

The standard model was put into practice soon after the Constitution came into force.

The federal government built roads like the Cumberland road that connected the east coast to the midwest in 1811–16, and New York State built the Erie Canal between the Hudson River and the Great Lakes in 1817–25. The First and then the Second Banks of the United States were chartered in 1796 and 1816. A protective tariff was also erected in that year in response to peace in Europe, the previous decades of warfare having provided American manufacturing with some protection.

While the Bank of the United States was ultimately destroyed by President Andrew Jackson in the 1830s, the other elements of the standard model were repeatedly reaffirmed. Canals, roads, railways, airports, highways, and super highways have always been constructed by governments or with government support. The educational system has been continuously expanded. The USA maintained very high tariffs, which were controversial in the first half of the 19th century, until the 1960s when it was so preeminent in manufacturing that trade liberalization seemed a better way to secure markets than protection.

America industrialized within this policy context. Industrialization was not difficult once the policy parameters were in place. Wages in America were very high, and that meant that British factory technology was the appropriate technology for the USA. Technology transfer was effortless from the start. By the 20th century, the USA became the world's high wage economy and an important generator of technology. What it invented suited its circumstances. It was other countries that had a problem adapting American technology to their circumstances.

The standard model in Europe

The situation was different on the continent. In the early years of the Industrial Revolution, British technology did not pay since labour was cheaper relative to capital in France or Germany, for example, than it was in Britain. Consequently, hand techniques were more cost effective than Britain's factory technology. Western Europe was in danger of going the way of India.

Manufacturing development did not get underway on the continent until after Napoleon's defeat in 1815. Napoleon had prepared the ground, however, by spreading the reforms of the French Revolution across Europe. These included the abolition of serfdom, expropriation of monastic property, a new legal system (the *Code Napoléon)*, equality of all citizens before the law, the abolition of internal tariffs, modernization of the tax system, the extension of education, and the promotion of science and learning. The French imposed these changes where they ruled, and other countries like Prussia that were defeated but remained independent adopted variants themselves.

In addition to the legal changes, the commercial prospects of factory spinning and steam power were much brighter than they had been in the 1780s because British engineers had been busy making the machinery more efficient. As modern technology became more productive, it undercut hand methods no matter how cheap the labour had been, and that point was reached in western Europe after Waterloo. In the cotton industry, progress was very rapid. Hand spinning had employed 2,500 workers per 1,000 spindles in the 1760s. Arkwright mills cut that to about ninety workers in the 1780s, and by the 1820s British mills employed sixteen workers per 1,000 spindles. It took time, however, to train a workforce, so newly built French mills in the 1830s were employing more workers than British mills—24 per 1,000 spindles—even when they were using modern machinery. These mills were good enough to undercut women using spinning wheels, but they were not efficient enough to compete against British imports in a free trade environment. It was the same situation in Germany. What to do?

Tariffs were clearly needed but were not enough on their own. The whole standard model was required. It was popularized in Europe by Friedrich List's *The National System of Political Economy* (1841). List was a political refugee in the USA in the late 1820s and was influenced by Alexander Hamilton and the results of his policies. Germany provides a good example of the American system in Europe. Similar policies were pursued in France and elsewhere. The Congress of Vienna left Germany divided into thirty-eight states in 1815. Prussia was the largest and its territories were scattered across Germany. To facilitate trade among its regions, it sponsored the Zollverein (Customs Union) with intervening states in 1815. More states joined in the next decades, and the customs union because the basis of the German Empire in 1871. The Zollverein both created a large domestic market by abolishing tolls within Germany and erected a high tariff wall to keep British goods out while German firms established themselves.

Germany followed the other imperatives as well. The national market was strengthened by transportation investment. The first German railway was built only five years after the first British line, and 63,000 kilometres of track were open by 1913. Between the 1850s and the 1870s giant investment banks were established, and these funnelled capital into industry. Finally, a system of universal education was established. This had been started in the 18th century under Friedrich the Great. Indeed, the American Common School Movement was modelled on the Prussian school system.

Economic development was very rapid in Germany after 1870. A coterie of new industries was created—steel, chemicals, electricity, and automobiles are only the most famous. Many of these had a basis in science, and Germany excelled at them. The German educational system from primary schools through technical high schools and universities was more modern than Britain's, which was held back by its undemocratic constitution. Britain only got universal primary education, for instance, after the franchise was extended to include about 60 per cent of men in the Third Reform Act (1884).

The standard model on the periphery

The standard model was also tried on the periphery but success was mixed. Mexico made half-hearted efforts. In the 1830s a protective tariff was introduced and the proceeds used to fund a small investment bank. The result was thirty-five cotton spinning mills. State tariffs were left in place, so a national market was not created, and education was ignored. The dictatorship of Porfirio Diaz (1877–1911) was more vigorous. The internal tariffs were eliminated and railways built to create a national market. Instead of banks, foreign investment was relied on for capital and to bring advanced technology into the country. Mass education was still ignored. The result was more industrial development based on foreign owned factories and foreign managers with Mexicans doing the menial work. The economic growth that resulted was not rapid enough to tighten the labour market, so real wages stagnated, all the gains from growth went to the rich, and the regime collapsed in the revolution of 1911.

The story was similar in Russia. A large railway network was built between 1870 and the First World War to open up remote parts of the country and connect them to the industrial heartland as well as the principal ports. Investment banks were not a success, so the State provided capital, and foreign investment was relied on as it was in Mexico. The Russians pursued education more vigorously than Mexico had. The result was an expansion of agricultural production and the creation of a heavy industrial sector but one that was not large enough to transform the economy. As in Mexico, the growth that was triggered was insufficient to tighten the labour markets, so real wages lagged. In Russia the revolution came in 1917.

In the Middle East and Asia the application of the standard model was constrained by imperialism. The first attempt to jump start industrialization was the effort of Muhammad Ali, who seized control of Egypt in 1811 and tried to turn it into a modern State. He nationalized the land and divided it into small peasant farms. He created a trade monopoly that bought crops from farmers and resold them in cities and abroad. The farmers were paid little, and the proceeds from exports were used to fund textile mills and munitions factories as well as Muhammad Ali's modern army. Many Egyptians were educated in Europe and at home, but mass education was ignored. The army seized Palestine and Syria from the Ottoman Sultan, who was Muhammad Ali's superior, Egypt being a province of the Ottoman Empire. When the Egyptians defeated the Ottomans and threatened Istanbul, the European powers intervened and forced Muhammad Ali to renounce his claims and reduce his army. In 1838, the British and the Ottoman Sultan signed the Anglo-Turkish Convention, which banned monopolies in the Ottoman Empire, thereby eliminating the fiscal basis of Muhammad Ali's modernization programme. The first experiment in State led industrial development was over.

Nationalists in India would have liked to apply the standard model but could not. Tariffs were kept low and were strictly for revenue purposes. There were no investment banks. A railway network was built in the late 19th century, but it was laid out to deploy troops for pacification and to connect agricultural districts to ports to facilitate farm exports. Building railways was a great missed opportunity. Countries like the USA, Germany, Russia, and Japan used railway building as an opportunity to expand their iron, steel, and engineering industries, but in India all of the locomotives, rolling stock, and rails were imported from Britain. Mass education was also ignored. A factory cotton spinning industry was established in Bombay and jute mills in Calcutta. These industries were important internationally but were too small to transform India as a whole.

Japan would also have liked to adopt the standard model, and its efforts were also stymied by the imperialists. Unlike India, however, Japan remained independent, which gave it more room for manoeuvre. From the 1660s, Japan had almost totally closed itself off from the rest of the world. In the early 19th century, European powers were forcing trade agreements on Asian empires along the lines of the Anglo-Turkish Convention. In the Japanese case, the Americans took the lead when Commodore Perry sailed into Yokohama harbour in 1853 demanding that the country end its isolation and allow foreign trade. The Japanese were too weak militarily to refuse, and efforts were subsequently begun to strengthen the country. The political breakthrough occurred in 1867 when the Emperor Meiji ascended the throne. The Tokugawa shogun, who had effectively ruled the country, surrendered his powers to the emperor, who assumed control. This was not just a dynastic succession but rather a virtual *coup d'état* by modernizers, who set about transforming the country. Most aspects of economic, political, and social life were overhauled.

The Meiji State aimed to force an industrial revolution by adopting the modern technology of the advanced countries. Japan pursued a variant of the standard model. First, a national market was created by abolishing internal tariffs and building a railway system.

Second, a system of universal education was established. Third, a banking system was developed although it was not until the 1920s that investment banks were successfully in operation. In the meantime, the State acted as the venture capitalist. Fourth, in 1866 the imperialist powers forced a trade treaty on Japan that limited import duties to 5 per cent. Tariffs could not be used to promote industry. Instead, the State 'picked winners' and directly subsidized firms it sought to promote. This practice developed into 'targeted industrial policy'. The tariff restrictions expired in 1894 and 1911, at which point the Japanese began using tariffs to promote industrial development as well. Japanese industrialization began with consumer goods like silk and cotton textiles in the 19th century and expanded to steel, automobiles, ships, electrical equipment, and aircraft in the early 20th.

While Japan could use subsidies and later tariffs to promote industrial development, these policy instruments in themselves did not guarantee that advanced technology would be employed. The problem was that Japanese wages were extremely low, so hand methods were often more cost effective than capital-intensive technology. Japan addressed the problem by cleverly redesigning equipment and plant operations to be less capital-intensive. A particularly simple change in the cotton industry was to operate the mills with two 11-hour shifts per day rather than only one as was the norm elsewhere. Capital costs were halved. By 1940, Japan had developed a sufficiently advanced industrial economy that it could imagine defeating the USA and Britain in the Pacific War.

The success of Japan highlights an important prerequisite for successful development, namely, a State with the capacity to set goals and the administrative competence to achieve them. In 1886, for instance, the decision was taken to create a system of universal primary education. This was an ambitious task and took decades to realize.

Administrative and technical competence were apparent before the Meiji restoration, and, indeed, that revolution might not have occurred without them. Thus, Nagasaki was unable to defend itself when HMS *Phaeton* entered the harbour in 1808 to attack the Dutch trading post because the Japanese did not possess iron cannon. The local lord appointed a team of craftsmen and savants, who translated a Dutch book describing an (outmoded) foundry in Leyden and managed to construct a copy. By 1854, they were not only casting cannon but were making replicas of modern, breech-loading Armstrong guns imported from Britain. The Meiji restoration in 1868 presupposed an advanced guard like the lord of Nagasaki committed to the modernization of the country.

Japan may have been unique in this respect. Other countries were held back by political and cultural configurations that inhibited a comparable strategy. In the 19th century, China was beset by imperialist incursions and wracked by the Taiping rebellion that was finally suppressed only by the ascendancy of regional warlords at the expense of the central government. Proposals to strengthen the country by modernizing its institutions were defeated or neutered by conservative groups whose positions were threatened by social change. They had to be swept aside before development could occur, and the overthrow of the Qing Empire in 1912 was a step in that regard. In other countries, cultural features played analogous roles. The vexed question that has obsessed Arab intellectuals since Napoleon's invasion of Egypt in 1798 is the degree to which Islam has promoted or retarded economic development, and, if the latter, how it should be modified to facilitate progress.

Big push industrialization and the development State

In the 20th century the advantages of industrializing became even greater than previously, and, for the same reason, the challenges became more demanding. New technology requires research and development (R&D), and most R&D in the world is performed in a small number of the richest economies. Their efforts are directed to solving problems they face, so new technology is tailored to their circumstances. Over time, their wages have risen and the workforces have become more educated. The rich countries invented technology to take advantage of these characteristics of the workforce. The new technology was ever more capital intensive and raised output per worker. Eventually, the higher productivity translated into higher wages. Once an advanced economy shifted to a higher capital–labour ratio, its R&D efforts were directed to raising it even further. There was, thus, an ascending spiral of progress in which high wages led to new technology that raised output and capital per worker even further and that, in turn, led wages to go up yet again. This process continued until the late 20th century when the spiral unravelled, and real wages stagnated even as technology advanced.

Once the rich countries have moved from a low capital–labour ratio to a higher one, no country (except Japan at the outset) does further R&D to improve the low capital–labour ratio technology. Some modern technology is cost effective even in low wage countries, but not all of it. Some of it turns out to be too capital-intensive, and the lower capital–labour ratios from the past are appropriate.

From this perspective it is no surprise that the one industry in which many poor countries can compete internationally is clothing production. The key technology is the sewing machine. Treadle machines were invented around 1850, and the electric sewing machine in 1889. Nineteenth-century technology was invented when wages were much lower, and it remains the cost minimizing choice in today's poor countries. The advanced technology that poor countries need to achieve high wages and a high standard of living does not pay since their wages and living standards are so low. They are caught in a poverty trap.

To avoid this fate, governments in the 20th century undertook more interventionist policies than simply erecting tariffs. The Soviet Union was an extreme case. Under communism all firms were State owned, and profitability was not a consideration in their operations. Central planners set output targets for the economy and for each firm, and the managers were rewarded for reaching those targets irrespective of cost. When the first five-year plan started in 1928, most of the population was underemployed in agriculture, and there was a great need to build up the capital stock. Central planning proved effective towards that end, and GDP rose rapidly until the 1980s when full employment was achieved. In this period, the USSR's share of world manufacturing rose from 5 per cent to 15 per cent. To continue to grow, it was necessary to close down inefficient factories and transfer workers to higher productivity enterprises. Emphasizing output expansion and ignoring the cost side made this impossible. President Gorbachev abolished the planning apparatus and introduced market arrangements to overcome this problem, but the Soviet Union collapsed before these changes took effect. Manufacturing output has since plummeted. Turning to the 'market' was no guarantee of success.

Latin America followed a less extreme model centred on the 'development State'. The market system was retained, while the State implemented the standard model fully and augmented it with planning and socialized enterprises. Tariffs were high, infra-structure was built, State development banks supplemented private investment, and close to universal education was achieved for the first time.

These initiatives had mixed success. On the one hand, there was considerable growth, urbanization, and expansion of manufacturing capacity. On the other hand, growth was still not fast enough to catch up with the West, and industrial productivity was low. This was due to a fundamental problem: most Latin American markets were too small for firms to realize scale economies. Argentina is a case in point. In the 1960s, the minimum efficient size (MES) of an auto assembly plant was 200,000 units per year, while MES was one million units for engine and transmission plants. Only seven firms in the world—Ford, General Motors, Chrysler, Toyota, Fiat, Renault, and Volkswagen—produced more than one million cars per year. In 1959 Argentina introduced the requirement that 90 per cent of the value of cars sold in the country be made locally. However, at the time, the Argentine market was only 50,000 vehicles per year. Although the market grew to 195,000 in 1965, it was still far too small for Argentine firms to reach MES. As a result, the productivity of automobile production in Argentina was only 40 per cent of that in the leading economies. Scale problems pervaded the manufacturing sector in Latin America, and the low productivity that resulted contributed to the region's poor economic performance.

The poor performance of development States in Latin America, in India after independence in 1947, and elsewhere led many to shift their hopes for development from interventionist States to the 'free market'. This approach was epitomized by the so-called 'Washington consensus' with its trinity of stabilization, liberalization, and privatization.

Macroeconomic stabilization was supposed to increase investment, while the liberalization of trade by abolishing tariffs and quotas and the privatization of State owned firms and agencies were supposed to increase competition. Privatization and liberalization received some support from a related strand of argument that contended that competition between businesses was a source of high productivity since only efficient firms could survive in a competitive environment. State protectionism and trade impediments may reduce efficiency by sheltering inefficient firms from competition. The IMF has been particularly vigorous in restructuring the countries to which it lends along neo-liberal lines. While proponents of neo-liberalism can point to some favourable outcomes—Chile is frequently cited—the Washington consensus has been far from an unqualified success.

An underlying reason that the standard model worked less well after 1950 than it had a century earlier was the evolution of technology. In the middle of the 19th century, an efficient factory was much smaller than it is today. In the 1850s, for instance, an efficient blast furnace produced 5,000 tons per year, while the MES of a rolling mill was 15,000 tons of rails per year. The USA consumed about 800,000 tons of pig iron and 400,000 tons of rails, so there could be many efficient sized mills in the country. Even if consumers suffered from high prices, the high tariff policy did not generate an inefficient industrial structure. The situation in the second half of the 20th century was very different.

After World War II, Japan followed another variant of the development State model that was more successful and turned the country into a great manufacturing nation. Wartime destruction was total. Steel production fell from a peak of 7.7 million tons in 1943 to half a million in 1945 and rebounded to five million in 1950. At the time, MES for a steel mill was one to three million tons, and most Japanese mills were smaller with the result that steel cost 50 per cent more in Japan than in the USA. The Japanese economy was supervised by the Ministry of International Trade and Industry, and it restructured the industry to create larger mills. Japan, thus, reversed the technology policy of the Meiji era when it re-engineered foreign technology to fit Japanese factor prices. Instead, the aim became to install the most advanced technology possible and wait for the factor prices to catch up. By the 1960s the MES of a steel mill reached seven million tons, and Japan built mills of that size on greenfield sites.

Similar choices were made in automobile production, shipbuilding, electronics, and consumer durables.

Who was going to buy all of that production? A large fraction was exported to the USA. Japan benefited from two features of the post-war era. First, the USA was the world's pre-eminent manufacturing nation and felt its interests were better served by opening up foreign markets, so the high tariff policy begun in 1816 was abandoned in favour of trade liberalization. Second, Japan was particularly favoured during the Cold War. The USA regarded Japan as its outpost against communism in East Asia, and that gave Japan more scope for exporting to the USA. The export orientation of Japanese industry meant that it had to compete against highly efficient foreign producers, and those competitive pressures helped boost Japanese productivity. Access to the American market solved the scale problem for Japanese industry and underpinned its spectacular manufacturing boom. The collapse of the Rust Belt in the USA was the flip side of the East Asian Miracle.

The American market was crucial but it was not enough on its own to absorb all of Japan's manufacturing output. The domestic market had to expand as well. The employment practices of Japan's large firms played a big role. Seniority wages, lifetime employment, and company unions meant that Japanese workers earned high wages and could buy the cars and stereos that were not exported. Wages in the fringe of small firms supplying the main enterprises also rose as the labour markets tightened. There was a rapid rise in real wages in Japan between 1950 and 1990 that led to Western style prosperity and validated the technological choices that had been made.

China is in the midst of an industrial revolution right now. After the victory of the communists in the revolution of 1949, a Soviet style central planning system was created. Some basic industries were built up in the 1960s and 1970s—steel production grew from 1 million tons per year in 1950 to 32 million in 1978—but the rate of economic growth was not exceptional, and China's share of world manufacturing only grew from 2 per cent to 5 per cent between 1953 and 1980.

China's rate of economic growth increased in the 1980s, and this is conventionally attributed to the market oriented reforms introduced in 1978. So far as manufacturing is concerned, the first major reform was the directive to local cadres in the countryside to establish town and village enterprises (TVEs) to produce consumer goods that were sold on free markets. Chinese farmers had traditionally engaged in by-employments, and the TVE was a socialist reactivation of that capability. Since the planners had emphasized the development of heavy industry, there was a great shortage of consumer goods, and TVEs met that demand. Employment in TVEs jumped from twenty-eight to 135 million between 1978 and 1996, and their contribution to GDP rose from 6 per cent to 26 per cent. Market relations were introduced into the heavy industrial sector in the 1980s, when plan procurement targets were frozen, and increases in output were sold on markets. In 1992, the fourteenth Congress of the Communist Party resolved that a socialist market economy was the objective of reform.

With this goal in mind, Chinese industries have been remodelled.

Businesses are organized as corporations rather than ministerial departments. Capital investments are undertaken by t by State owned banks. There is a five-year plan for the investments are financed by banks. There are markets in which products, materials, and labour are bought and sold. Prices vary in response to supply and demand, firms make profits or losses, and firms that cannot succeed go out of business. In some sectors foreign firms compete with Chinese firms.

It looks like capitalism—but is it really? Many of the banks and corporations are State owned, especially in priority sectors where private firms are not permitted. Five-year plans are still being written. The State Planning Commission has been replaced by the National Development and Reform Commission, which still sets targets and supervises firms. In the case of the steel industry, for instance, all of the firms are State owned and all are financed by State owned banks. There is a five-year plan for the industry, which specifies capacity, plant location, mergers, and acquisitions. To avoid having to pay high prices to foreign mining companies that supply much of the ore, the current plan calls for small firms to be eliminated, so that the industry can collude more easily, and the Chinese government is buying shares in the foreign suppliers. Between 2000 and 2013, Chinese steel output grew from 127 million tons (15 per cent of the world total) to 823 million tons (50 per cent of the world total). Almost all of the increase in world production in that period was due to expansion in China. Success was due to planning in a socialist market, not conventional capitalism. Planning, now working through the market, guided the development of other important industries as well—photovoltaics, high speed trains, and so forth.

The economy was directed by planning in other respects. Infrastructure and education (two important areas addressed in the standard model) were under direct State control. Macro-economic variables that influenced the markets were chosen with development objectives in mind. The exchange rate was intentionally undervalued. This both acted like a tariff to protect Chinese firms and an export subsidy to increase the foreign demand for their products. Current planning initiatives are aimed at increasing domestic demand for consumer goods to shift the economy away from exports and increase living standards rapidly.

Comparing China to the USSR is instructive. China has retained the parts of central planning that were effective while jettisoning those that proved counterproductive. Planning investment was the one part of the Soviet system that worked well. Guiding firms with output targets and ignoring costs was arguably productive in the 1930s but became counterproductive by the 1980s. The Chinese reforms have replaced targets and soft budget constraints with market socialism. Much investment is still planned.

Combining competition with planning may have allowed China to escape the contradictions of Soviet communism.

The future of the industrial revolution

Does the industrial revolution have a future? No major country has gotten rich without industrializing. Many countries remain poor, so we must hope they will industrialize too. China is now becoming the source of cheap manufactured goods, and the industrializers of the future will have to compete against it, just as each industrializer in the past has had to compete against its predecessor—the USA against Britain; Japan against the USA; and so forth.

The spread of the industrial revolution from one poor country to the next also affects the rich countries. As a new industrial power emerges, the developed countries have found that they cannot compete against its cheap products either. As a result, the industrial sectors of rich countries have contracted, and their economies have become more service oriented.

Which country will follow China in having the next industrial revolution? Stay tuned as history unfolds…

References

Chapter 1: Then and now

Contribution of industries to overall productivity growth and industry contributions to aggregate total factory productivity (TFP) growth—C.K. Harley, 'Reassessing the Industrial Revolution: A Macro View', in J. Mokyr (ed.), *The British Industrial Revolution: An Economic Perspective*, 2nd edn, Boulder, CO, 1990, p. 200, in conjunction with the average economy-wide growth in TFP over the period 1780–1860 from N.F.R. Crafts, *British Economic Growth During the Industrial Revolution*, Oxford, 1985, p. 81.

Candle making—George Dodd, *Days at the Factories* (1843), 1975, pp. 202–7.

Brother of Lord Chief Justice North—quoted by Keith Thomas, *Religion and the Decline of Magic*, London, p. 547.

Chapter 2: The pre-Industrial Revolution, 1500–1700

Witney's history—Simon Townley (ed.), *The Victoria History of the Counties of England: A History of the County of Oxford*. Vol. XIV: *Witney and its Townships*, 2004.

Cobbett quote—William Cobbett, *Rural Rides*, ed. by Asa Briggs, Everyman's Library, p. 131.

High British wages—Robert C. Allen, *The British Industrial Revolution in Global Perspective*, 2009, pp. 25–56.

Heights—R. Floud, K. Wachter, and A. Gregory, *Height, Health and History: Nutritional Status in the United Kingdom*,

1750–1980, 1990; and F. Cinnirella, 'Optimists or Pessimists? A Reconsideration of Nutritional Status in Britain', *European Review of Economic History*, 12 (2008), pp. 325–54.

Chapter 3: Why the Industrial Revolution was British

'Macro inventor' and 'Industrial Enlightenment'—these terms are due to Joel Mokyr in *The Lever of Riches: Technological Creativity and Economic Progress*, 1990; and *The Gifts of Athena: Historical Origins of the Knowledge Economy*, 2002.

Transformative effect of Asian imports—Maxine Berg, *Luxury & Pleasure in Eighteenth Century Britain*, 2005; and Giorgio Riello, *Cotton: The Fabric that Made the Modern World*, 2013.

'Whoever says industrial revolution . . .'—Eric Hobsbawm, *Industry and Empire*, 1968, p. 56.

Labour market for spinners—Robert C. Allen, 'The High Wage Economy and the Industrial Revolution: A Restatement', *Economic History Review*, 2015, Vol. 68, No. 1, pp. 1–22.

Share of woollen cloth exported—Phyllis Deane, 'The Output of the British Woollen Industry in the Eighteenth Century', *Journal of Economic History*, 1957, Vol. 17, pp. 220, 222, n 45.

'The drawing of one clever designer'—A.P. Wadsworth and J. L. Mann, *The Cotton Trade and Industrial Lancashire*, 1931, p. 143.

Britain's share of world cotton production in 1880—Thomas Ellison, *The Cotton Trade of Great Britain*, 1886, p. 146.

British expansion at expense of Asian—Stephen Broadberry and Bishnupriya Gupta, 'Lancashire, India, and Shifting Competitive Advantage in Cotton Textiles, 1700–1850: The Neglected Role of Factor Prices', *Economic History Review*, Vol. 62, 2009, pp. 279–305.

Weavers' wages and invention—Robert C. Allen, 'The Handloom Weaver and the Power Loom: A Schumpeterian Perspective', University of Oxford, Discussion Papers in Economic and Social History, No. 142, 2016.

Christy hat factory—George Dodd, *Days at the Factories* (1843), 1975, pp. 141, 145, 158.

'Rate of labour is much greater'—James Turner, '"John Bull has a Deal to Learn" Factories without Machines in the Nineteenth-century Felt-Hatting Industry', Manchester Polytechnic, Institute of Advanced Studies, Research Paper No. 39, 1986, p. 9.

Did Newcomen know the science?—L.T.C. Rolt, *Thomas Newcomen: The Prehistory of the Steam Engine*, 1963, pp. 49–57, claimed that Newcomen was innocent of all scientific knowledge. This judgement was reversed in L.T.C. Rolt and J.S. Allen, *The Steam Engine of Thomas Newcomen*, 1997, pp. 37–8. See also H. Floris Cohen, 'Inside Newcomen's Fire Engine, or the Scientific Revolution and the Rise of the Modern World', *History of Technology*, 2004, Vol. 25, pp. 111–32.

'Where there is no water…'—J.T. Desaguliers, *A Course of Experimental Philosophy*, 1744, Vol. II, pp. 464–5.

On collective invention and Cornish engines—Alessandro Nuvolari, 'Collective Invention during the British Industrial Revolution: the Case of the Cornish Pumping Engine', *Cambridge Journal of Economics*, 2004, Vol. 28, pp. 347–63; and Alessandro Nuvolari and Bart Verspagen, '*Lean's Engine Reporter* and the Development of the Cornish Engine: A Reappraisal', *Transactions of the Newcomen Society*, 2007, Vol. 77, pp. 167–89.

'having tryed many experiments'—Robin Hildyard, 'Dwight, John', in H.C.G. Matthew and Brian Harrison (eds), *Oxford Dictionary of National Biography*, 2004. Online edn edited by Lawrence Goldman, January 2008: <http://www.oxforddnb.com/view/article/8338> (accessed 22 August 2012).

Chapter 4: The condition of England

'90% of the lace machines'—*Report addressed to Her Majesty's Principal Secretary of State for the Home Department, upon the expediency of subjecting the lace manufacture to the regulations of the Factory Acts*, command paper 2797, 1861, pp. 29, 31.

US and British censuses of 1850 and 1851—*Compendium of the Seventh Census: Statistical View of the United States*, 1854, p. 148.

'400 and 500 children'—'Reports from Assistant Hand-Loom Weavers' Commissioners. Part V. Report by W.A. Miles, Esq. On the west of England and Wales', *British Parliamentary Papers*. C. 220, 1840, p. 552.

Peers versus national average—Bernard Harris, 'Public Health, Nutrition, and the Decline of Mortality: The McKeown Thesis Revisited', *Social History of Medicine*, Vol. 17, No. 3, 2004, p. 389; Angus Deaton, *The Great Escape: Health, Wealth, and the Origins of Inequality*, Princeton, NJ, 2013, pp. 59–100.

Life expectancy in cities, average—Bernard Harris, 'Public Health, Nutrition, and the Decline of Mortality: The McKeown Thesis Revisited', *Social History of Medicine*, Vol. 17, No. 3, 2004, pp. 394–6.

British heights and weights—Francis Galton, *Final Report of the Anthropometric Committee, Report of the Fifty-Third Meeting of the British Association for the Advancement of Science,* 1883, pp. 284, 292.

Nature and Napoleon—Joel Mokyr and N. Eugene Savin, 'Stagflation in Historical Perspective: The Napoleonic Wars Revisited', *Research in Economic History*, 1976, Vol. I, pp. 198–259.

Schumpeter quotes—Joseph A. Schumpeter, *Capitalism, Socialism, and Democracy*, Taylor & Francis e-library, 2003, pp. 82–3, 96.

Chapter 5: Reform and democracy

'The whole annual produce'—Adam Smith, *An Inquiry into the Nature and Causes of the Wealth of Nations*, ed. by Edwin Cannan, 1937, pp. 50, 52.

'principle of our constitution'—Arthur Young, *The Example of France A Warning to Britain*, London, 4th edn, 1794, p. 106.

'the suffrages were not counted but weighed'—John Lawrence Hammond and Barbara Hammond, *The Village Labourer 1760–1832: A Study in the Government of England before the Reform Bill*, 1919, p. 49.

'Moral economy of the crowd'—from E.P. Thompson, 'The Moral Economy of the English Crowd in the Eighteenth Century', *Past & Present*, No. 50, February 1971, pp. 76–136.

'Collective bargaining by riot'—E.J. Hobsbawm, 'The Machine Breakers', *Past & Present*, No. 1, February 1952, pp. 57–70.

Byron's maiden address—R.C. Dallas, *Recollections of the Life of Lord Byron, from the Year 1808 to the End of 1814*, 1824, p. 207.

'a dislike to be under restriction as to time' and other references to Witney weavers—'Reports from Assistant Hand-Loom Weavers' Commissioners. Part V. Report by W.A. Miles, Esq. On the west of England and Wales', *British Parliamentary Papers*, C. 220, 1840, pp. 547–8.

'If Mr Paine should be able'—Rev. Christopher Wyvill, *Political Papers*, 1794–1802, Vol. V, p. 23.

'The legislature will certainly do all in its power'—Graham Wallas, *The Life of Francis Place, 1771–1854*, 1898, p. 159.

'The real battle'—Lord Henry Cockburn, *Life of Lord Jeffrey: With a Selection from his Correspondence*, 2nd edn, 1852, Vol. II, p. 233.
Expansion of the electorate—John A. Phillips and Charles Wetherell, 'The Great Reform Act of 1832 and the Political Modernization of England', *American Historical Review*, 1995, vol. 100, pp. 411–36.
'Wherever there is an ascendant class'—Richard K.P. Pankhurst, *William Thompson (1775–1833) Britain's Pioneer Socialist, Feminist, and Co-operator*, 1954, p. 131n.
Bagehot's recollection—'Mr Cobden', *The Economist*, Vol. XXIII, No. 1128, 8 April 1865, p. 398.
Quotes from *Signs of the Times*—<http://www.victorianweb.org/authors/carlyle/signs1.html>.
Bentham quote—A *Comment on the Commentaries and a Fragment on Government*, in J.H. Burns and H.L.A. Hart (eds), *The Collected Works of Jeremy Bentham*, 1977, p. 393.
'To assist in promoting the progress of social improvements'—T.S. Ashton, *Economic and Social Investigations in Manchester, 1833–1933. A Centenary History of the Manchester Statistical Society*, 1934, p. 13.
'There were [radical] associations all over the country'—Quoted by Dorothy Thompson, *The Chartists: Popular Politics in the Industrial Revolution*, 1984, p. 60.

Chapter 6: The spread of the Industrial Revolution abroad

'The bones of cotton weavers . . .'—Karl Marx, *Capital*, 1867, Vol. I, chapter 15, 'Machinery and Modern Industry'.
'the destruction of weaving in India'—UK House of Commons, *Report from the Select Committee on East India Produce*, session 1840 (527), question 3920.
Development economists in the 1960s, see, for instance—W.W. Rostow, *The Stages of Economic Growth: A Non-Communist Manifesto*, 1960.
Workers per spindle: hand technology in the 1760s required one spinner and one carder per spindle plus auxiliary personnel in the putting out business—Robert C. Allen, *The British Industrial Revolution in Global Perspective*, 2009, pp. 185–6.
Arkwright mill—Mary Rose, *The Gregs of Quarry Bank: The Rise and Decline of a Family Firm, 1750–1914*, 1986, pp. 20, 25.
French mill—Andrew Ure, *The cotton manufacture of Great Britain*, London, 1836, Vol. I, p. lxxv.

British mill in 1820—G.H. Wood, 'The Course of Women's Wages during the Nineteenth Century', Appendix A in B.L. Hutchins, *A History of Factory Legislation*, 1903, p. 302.

Arab intellectuals—Albert Hourani, *Arabic Thought in the Liberal Age, 1798–1939*, 1983.

Further reading

Chapter 1: Then and now

A short and exciting introduction to the Industrial Revolution is Eric Hobsbawm, *The Age of Revolution, 1789–1848*, London, 1962.

A multi-authored work by leading historians that surveys much of the recent research on the topic is *The Cambridge Economic History of Modern Britain*. Vol. I: *1760–1870*, ed. by Roderick Floud, Jane Humphries, and Paul Johnson, Cambridge, 2014.

The classical economists defined the themes that still dominate discussion:

Adam Smith, *An Inquiry into the Nature and Causes of the Wealth of Nations* (1776), ed. E. Cannan, New York, 1937.

Thomas R. Malthus, *An Essay on the Principle of Population* (1803), ed. by Patricia James, Cambridge, 1989.

Karl Marx, *Capital* (1867), Vol. 1.

Friedrich Engels, *The Condition of the Working Class in England*, 1844.

A major strand of modern research seeks to reconstruct national income during the Industrial Revolution. Key works include:

Phyllis Deane and W.A. Cole, *British Economic Growth, 1688–1959: Trends and Structure*, 2nd edn, Cambridge, 1969.

Nick Crafts, *British Economic Growth during the Industrial Revolution*, Oxford, 1985.

Knick Harley, 'British Industrialization before 1841: Evidence of Slower Growth during the Industrial Revolution', *Journal of Economic History*, Vol. 42, 1982, pp. 267–89.

Peter Temin, 'Two Views of the British Industrial Revolution', *Journal of Economic History*, 1997, Vol. 57, pp. 63–82.
Stephen Broadberry, Alexander Klein, Bas van Leeuwen, Bruce Campbell, and Mark Overton, *British Economic Growth, 1270–1870*, Cambridge, 2015.

Many historians now situate the Industrial Revolution in the 'great divergence' between Europe and Asia:

Kenneth Pomeranz, *The Great Divergence: China, Europe, and the Making of the Modern World Economy*, Cambridge, MA, 2000.
R. Bin Wong, *China Transformed*, New York, 1997.
James Lee and Wang Feng, *One Quarter of Humanity: Malthusian Mythology and Chinese Realities, 1700–2000*, Cambridge, MA, 1999.
Jack Goldstone, *Why Europe? The Rise of the West in World History 1500–1850*, Amsterdam, 2008.
Angus Maddison, *The World Economy*, London, 2006.

Many older historians still have much to offer in our understanding of the period:

Paul Mantoux, *The Industrial Revolution in the Eighteenth Century: An Outline of the beginnings of the Modern Factory System in England*, trans. by Marjorie Vernon, Rev. edn, London, 1928.
J.L. Hammond and B.B. Hammond, *The Village Labourer, 1760–1832: A Study in the Government of England before the Reform Bill*, London, 1913.
J.L. Hammond and B.B. Hammond, *The Town Labourer, 1760–1832: The New Civilisation*, London, 1917.
Ivy Pinchbeck, *Women Workers and the Industrial Revolution, 1750–1850*, London, 1930.
Alfred P. Wadsworth and Julia de Lacy Mann, *The Cotton Trade and Industrial Lancashire, 1600–1780*, Manchester, 1931.
J.U. Neff, *The Rise of the British Coal Industry*, London, 1932.
Eric Williams, *Capitalism and Slavery*, New York, 1944.
T.S. Ashton, *The Industrial Revolution 1760–1830*, Oxford, 1948.

Other issues that have received considerable attention are slavery, agriculture, demography, international trade, finance, and the constitution:

Robert Brenner, 'Agrarian Class Structure and Economic Development in Pre- Industrial Europe' (1976), in T.H. Aston and C.H.E. Philpin (eds), *The Brenner Debate*, Cambridge, 1985, pp. 10–63.

Joseph E. Inikori, *Africans and the Industrial Revolution in England: A Study in International Trade and Economic Development*, Cambridge, 2002.

E.A. Wrigley and R.S. Schofield, *The Population History of England, 1541–1871*, London, 1981.

Jan Luiten van Zanden, *The Long Road to the Industrial Revolution: The European Economy in a Global Perspective, 1000–1800*, London, 2009.

Larry Neal, *The Rise of Financial Capitalism: International Capital Markets in the Age of Reason*, Cambridge, 1990.

Gregory Clark, Kevin O'Rourke, and Alan M. Taylor, 'The Growing Dependence of Britain on Trade during the Industrial Revolution', *Scandinavian Economic History Review*, 2014, Vol. 62, pp. 109–36.

D.C. North and B.R. Weingast, 'Constitutions and Commitment: Evolution of Institutions Governing Public Choice in Seventeenth Century England', *Journal of Economic History*, 1989, Vol. 49, pp. 803–32.

Dan Bogart and Gary Richardson, 'Property Rights and Parliament in Industrializing Britain', *Journal of Law and Economics*, 2011, Vol. 54, pp. 241–74.

Dan Bogart, 'Did the Glorious Revolution Contribute to the Transport Revolution? Evidence from Investment in Roads and Rivers', *Economic History Review*, 2011, Vol. 64, pp. 1073–112.

Chapter 2: The pre-Industrial Revolution, 1500–1700

Max Weber, *The Protestant Ethic and the Spirit of Capitalism*, 1905.

Sascha O. Becker and Ludger Woessmann, 'Was Weber Wrong? A Human Capital Theory of Protestant Economic History', *Quarterly Journal of Economics*, 2009, Vol. 124, pp. 531–96.

Jan de Vries, *The Industrious Revolution: Consumer Behavior and the Household Economy, 1650 to the Present*, Cambridge, 2008.

Robert C. Allen, 'The Great Divergence in European Wages and Prices from the Middle Ages to the First World War', *Explorations in Economic History*, Vol. 38, October, 2001, pp. 411–47.

Robert C. Allen, 'Poverty and Progress in Early Modern Europe', *Economic History Review*, 2003, Vol. LVI, pp. 403–43.

Francesco Cinnirella, 'Optimists or Pessimists? A Reconsideration of Nutritional Status in Britain, 1740–1865,' *European Review of Economic History*, 2008, Vol. 12, pp. 325–54.

Robert C. Allen, *Enclosure and the Yeoman*, Oxford, 1992.

Jan de Vries and Ad van der Woude, *The First Modern Economy: Success, Failure and Perseverance of the Dutch Economy, 1500–1815*, Cambridge, 1997.
J. Hatcher, *The History of the British Coal Industry*. Vol. I: *Before 1700: Towards the Age of Coal*, Oxford, 1993.
Tine De Moor and Jan Luiten Van Zanden, 'Girl Power: The European Marriage Pattern and Labour Markets in the North Sea Region in the Late Medieval and Early Modern Period', *Economic History Review*, 2010, Vol. 63, pp. 1–33.

Chapter 3: Why the Industrial Revolution was British

The greatly debated question is why the technological breakthroughs of the Industrial Revolution happened when and where they did. The works listed take very different approaches to the answer.

Robert C. Allen, *The British Industrial Revolution in Global Perspective*, Cambridge, 2009.
Joel Mokyr, *The Enlightened Economy: An Economic History of Britain, 1700–1850*, New York, 2010.
Margaret C. Jacob, *Scientific Culture and the Making of the Industrial West*, Oxford, 1997.
Maxine Berg, *Luxury & Pleasure in Eighteenth Century Britain*, Oxford, 2005.
Giorgio Riello, *Cotton: The Fabric that Made the Modern World*, Cambridge, 2013.
Steve Broadberry and Bishu Gupta, 'The Early Modern Great Divergence: Wages, Prices and Economic Development in Europe and Asia, 1500–1800', *The Economic History Review*, 2006, Vol. 59, pp. 2–31.
Eltjo Buringh and Jan Luiten Van Zanden, 'Charting the "Rise of the West": Manuscripts and Printed Books in Europe, A Long-Term Perspective from the Sixth through Eighteenth Centuries', *The Journal of Economic History*, 2009, Vol. 69, pp. 409–45.
Jan Luiten Van Zanden, 'The Skill Premium and the "Great Divergence"', *European Review of Economic History*, 2009, Vol. 13, pp. 121–53.
Morgan Kelly, Joel Mokyr, and Cormac Ó Gráda, 2014, 'Precocious Albion: A New Interpretation of the British Industrial Revolution', *Annual Review of Economics*, 2014, Vol. 6, pp. 363–89.

E.A. Wrigley, *The Path to Sustained Growth: England's Transition from an Organic Economy to an Industrial Economy*, Cambridge, 2016.

Nicholas Crafts, 'Steam as a General Purpose Technology: A Growth Accounting Perspective', *The Economic Journal*, 2004, Vol. 114, No. 495, pp. 338–51.

Nuvolari, Alessandro, 'Collective Invention during the British Industrial Revolution: The Case of the Cornish Pumping Engine', *Cambridge Journal of Economics*, 2004, Vol. 28, pp. 347–63.

Christine MacLeod, *Heroes of Invention: Technology, Liberalism and British Identity, 1750–1914*, Cambridge, 2007.

Chapter 4: The condition of England

Friedrich Engels, *The Condition of the Working Class in England*, 1844.

C.H. Feinstein, 'Pessimism Perpetuated: Real Wages and the Standard of Living in Britain During and After the Industrial Revolution', *Journal of Economic History*, 1998, Vol. 58, pp. 625–58.

Jane Humphries, *Childhood and Child Labour in the British Industrial Revolution*, Cambridge, 2010.

Robert W. Fogel, *The Escape from Hunger and Premature Death, 1700–2100*, Cambridge, 2004.

Angus Deaton, *The Great Escape: Health, Wealth, and the Origins of Inequality*, Princeton, NJ, 2013.

R. Floud, R. Fogel, B. Harris, and S.C. Hong, *The Changing Body: Health, Nutrition, and Human Development in the West since 1700*, Cambridge, 2011.

Bernard Harris, 'Public Health, Nutrition, and the Decline of Mortality: The McKeown Thesis Revisited', *Social History of Medicine*, 2004, Vol. 17, No. 3, pp. 394–6.

David Mitch, 'The Role of Human Capital in the First Industrial Revolution', in Joel Mokyr (ed.), *The British Industrial Revolution: An Economic Perspective*, Boulder, CO, 1993, pp. 267–307.

David Mitch, 'Education and Skill of the British Labour Force', in Roderick Floud and Paul Johnson (eds), *The Cambridge Economic History of Modern Britain*, Cambridge, 2004, Vol. I, 1700–1860, pp. 332–56.

Joseph Schumpeter, *Capitalism, Socialism, and Democracy*, 1942.

Chapter 5: Reform and democracy

Boyd Hilton, *A Mad, Bad, and Dangerous People? England 1783–1846*, Oxford, 2008.

Peter H. Lindert, *Growing Public: Social Spending and Economic Growth since the Eighteenth Century*, Cambridge, 2004, 2 volumes.

Harold James Perkin, *The Origins of Modern English Society*, 2nd edn, London, 2002.

E.P. Thompson, *The Making of the English Working Class*, London, 1963.

Emma Griffin, 'The Making of the Chartists: Popular Politics and Working-class Autobiography in Early Victorian Britain', *English Historical Review*, 2014, Vol. 129, No. 538, pp. 578–605.

Miles Taylor, 'Rethinking the Chartists: Searching for Synthesis in the Historiography of Chartism', *Historical Journal*, 1996, Vol. 39, pp. 479–95.

Dorothy Thompson, *The Chartists: Popular Politics in the Industrial Revolution*, New York, 1984.

C. Schonhardt-Bailey, *From the Corn Laws to Free Trade: Interests, Ideas, and Institutions in Historical Perspective*, Cambridge, MA, 2006.

B. Semmel, *The Rise of Free Trade Imperialism: Classical Political Economy the Empire of Free Trade and Imperialism, 1750–1850*, Cambridge, 2004.

Antonia Fraser, *Perilous Question: The Drama of the Great Reform Bill 1832*, London, 2013.

Peter Mandler, *Aristocratic Government in the Age of Reform: Whigs and Liberals, 1830–1852*, Oxford, 1990.

Bruce Morrison, 'Channeling the "Restless Spirit of Innovation": Elite Concessions and Institutional Change in the British Reform Act of 1832', *World Politics*, 2011, Vol. 63, pp. 678–710.

Chapter 6: The spread of the Industrial Revolution abroad

The arguments in this chapter are developed at greater length in Robert C. Allen, *Global Economic History: A Very Short Introduction*, Oxford, 2011, which also lists many further readings.

The following are a few important works:

James Robinson and Daron Acemoglu, *Why Nations Fail*, London, 2011.

Douglas North, *Institutions, Institutional Change, and Economic Performance*, Cambridge, 1990.

Stephen Broadberry and Kevin O'Rourke, *The Cambridge Economic History of Modern Europe*, Cambridge, 2010.

David S. Landes, *The Unbound Prometheus: Technological Change and Industrial Development in Western Europe from 1750 to the Present*, Cambridge, 1969.

Patrick K. O'Brien and C. Keyder, *Economic Growth in Britain and France, 1780–1914: Two Paths to the Twentieth Century*, London, 1978.

Alexander Gerschenkron, *Economic Backwardness in Historical Perspective*, Cambridge, MA, 1962.

Ha-Joon Chang, *Kicking Away the Ladder: Development Strategy in Historical Perspective*, London, 2002.

Stanley L. Engerman and Kenneth L. Sokoloff, *Economic Development in the Americas since 1500: Endowments and Institutions*, Cambridge, 2012.

Robert C. Allen, *Farm to Factory: A Reinterpretation of the Soviet Industrial Revolution*, Princeton, NJ, 2003.

Ronald Findlay and Kevin O'Rourke, *Power and Plenty: Trade, War, and the World Economy in the Second Millennium*, Princeton, NJ, 2007.

Jeffrey G. Williamson, *Trade and Poverty: When the Third World Fell Behind*, Cambridge, MA, 2011.

Agustín Bénétrix, Kevin O'Rourke, and Jeffrey Williamson, 'The Spread of Manufacturing to the Poor Periphery 1870–2007', *Open Economies Review*, 2015, Vol. 26, pp. 1–37.

Publisher's acknowledgements

We are grateful for permission to include the following copyright material in this book.

Extract from Robert Allen, 'Technology', in Roderick Floud, Jane Humphries, and Paul Johnson (eds), *The Cambridge Economic History of Modern Britain*, 2nd edn (Cambridge: Cambridge University Press, 2014), © Cambridge University Press, reprinted with permission.

The publisher and author have made every effort to trace and contact all copyright holders before publication. If notified, the publisher will be pleased to rectify any errors or omissions at the earliest opportunity.

“牛津通识读本”已出书目

古典哲学的趣味
人生的意义
文学理论入门
大众经济学
历史之源
设计，无处不在
生活中的心理学
政治的历史与边界
哲学的思与惑
资本主义
美国总统制
海德格尔
我们时代的伦理学
卡夫卡是谁
考古学的过去与未来
天文学简史
社会学的意识
康德
尼采
亚里士多德的世界
西方艺术新论
全球化面面观
简明逻辑学
法哲学：价值与事实
政治哲学与幸福根基
选择理论
后殖民主义与世界格局
福柯
缤纷的语言学
达达和超现实主义
佛学概论
维特根斯坦与哲学
科学哲学
印度哲学祛魅
克尔凯郭尔
科学革命
广告
数学
叔本华
笛卡尔
基督教神学
犹太人与犹太教
现代日本
罗兰·巴特
马基雅维里
全球经济史
进化
性存在
量子理论
牛顿新传
国际移民
哈贝马斯
医学伦理
黑格尔
地球
记忆
法律
中国文学
托克维尔
休谟
分子
法国大革命
民族主义
科幻作品
罗素
美国政党与选举
美国最高法院
纪录片
大萧条与罗斯福新政
领导力
无神论
罗马共和国
美国国会
民主
英格兰文学
现代主义
网络
自闭症
德里达
浪漫主义
批判理论

德国文学	儿童心理学	电影
戏剧	时装	俄罗斯文学
腐败	现代拉丁美洲文学	古典文学
医事法	卢梭	大数据
癌症	隐私	洛克
植物	电影音乐	幸福
法语文学	抑郁症	免疫系统
微观经济学	传染病	银行学
湖泊	希腊化时代	景观设计学
拜占庭	知识	神圣罗马帝国
司法心理学	环境伦理学	大流行病
发展	美国革命	亚历山大大帝
农业	元素周期表	气候
特洛伊战争	人口学	第二次世界大战
巴比伦尼亚	社会心理学	中世纪
河流	动物	工业革命